Peter Hacks
Hans Heinz Holz

Nun habe ich Ihnen doch zu einem Ärger verholfen

Briefe · Texte · Erinnerungen

Eulenspiegel Verlag

Aus Anlaß des 80. Geburtstages von Hans Heinz Holz
am 26. Februar 2007
herausgegeben von Arnold Schölzel

Hans Heinz Holz

ERINNERUNGEN AN PETER HACKS

Wir lebten nicht nur in zwei deutschen Staaten. Wir lebten in zwei Welten; zwar zusammengewachsen in der Überlieferung einer Kultur, einer Sprache, einer Geschichte; zusammengewachsen in einem politischen Wollen und Zukunftshoffen. Doch die Köpfe Nacken an Nacken, janusgesichtig, in entgegengesetzten Richtungen schauend, zugleich eines und zwei, anderes wahrnehmend, an anderen Fronten kämpfend.

So trafen sich Menschen gleicher Gesinnung, gleichen Alters, zur Freundschaft bestimmt, erst nach jener Schicksalswende, die uns zwang, unsere Köpfe in eine Richtung zu drehen und einer Medusa ins Antlitz zu schauen, ohne zu versteinern. Erst nach 1990 lernte ich sie kennen: Hanfried Müller, Kurt Gossweiler, Inge von Wangenheim und so manche andere, mit denen ich eigentlich schon immer zusammengehörte.

So auch Peter Hacks. Die Verbindung stiftete Sahra Wagenknecht. Sie entflammte damals gerade, eine Art kommunistische Jungfrau von Orleans, die Standhaften in der PDS zum Widerstand gegen die Parteiführung, die den Sozialismus und das Erbe der DDR verriet. Bei einer Veranstaltung der »Plattform«, zu der sie mich als Redner eingeladen hatte, begegneten wir uns. Mit ihrer provokanten Bemerkung in einem Interview, Goethe habe sie zur Kommunistin gemacht, eroberte sie das Herz von Peter Hacks. Das war aus seinem Geiste gesprochen.

Sahra machte Hacks auf die Zeitschrift TOPOS aufmerksam, die ich (zusammen mit Domenico Losurdo) herauszugeben begonnen hatte, nachdem die Linie der DIALEKTIK (deren Mitherausgeber ich zuvor war) dem Opportunismus der »Wende« zum Opfer gefallen war.[1] Hacks bot mir seine Polemik gegen Reemtsma an[2], wir führten einige Telefonate miteinander, Briefe wurden gewechselt, der Kontakt war geknüpft.

Zu diesem Anfang gibt es indessen eine lang zurückliegende Vorgeschichte. Ziemlich bald, nachdem ich meine Lehrtätigkeit im Fach Philosophie an der Universität Marburg aufgenommen hatte[3], lernte ich Peter Schütze kennen, der damals Literatur- und Kunstwissenschaft und Philosophie in Marburg studierte. Sein Interesse galt vordringlich der marxistischen ästhetischen Theorie und im besonderen der Dramenliteratur der DDR. Sein eigenes Formbewußtsein und seine Neigung zu temperamentvoller Ironie standen Peter Hacks nahe. So schlug er dem Literaturwissenschaftler Gert Mattenklott vor, eine Dissertation über Hacks zu schreiben; und meine eigene vorakademische Tätigkeit als Theaterkritiker sowie meine wissenschaftliche Kooperation mit Mattenklott – wir hielten gemeinsame Lehrveranstaltungen zur ästhetischen Theorie ab – prädestinierte mich zum zweiten Betreuer.

Die Arbeit an Schützes Dissertation entstand in einer Zeit fruchtbarer Forschungsdiskussionen. Schütze, unerschrocken, wie die Studenten der siebziger Jahre waren, besuchte Hacks mehrfach zu Gesprächen und Explorationen. Jeweils nach seiner Rückkehr aus Berlin berichtete er mir dann in langen Abend- und Nachtgesprächen von diesen Besuchen, und wir erörterten seine Eindrücke und Schlußfolgerungen. Ganz im Sinne von Hacks rückten immer wieder grundsätzliche wirkungsästhetische Erwägungen in den Vordergrund, aus denen – noch vor Abschluß der Dissertation – Schützes (bis heute wichtiges) Buch »Zur Kritik des literarischen Gebrauchswerts«[4] hervorging, das ich in die von mir im Luchterhand-Verlag herausgegebene Reihe »Philosophische Texte« aufnahm.

Ursprünglich als methodologische Einleitung zur Dissertation gedacht, hatte sich diese Studie zu einem selbständigen systematischen Werk ausgeweitet. Das hatte den Vorteil, daß nun die Untersuchung zu Hacks eine monografische Konzentration bekam, die für die Hacks-Interpretation in dreifacher Hinsicht wegweisend wurde: seine ästhetische Theorie, seine Klassizität und sein Verhältnis zur Antike betreffend. Hacks selbst hat es so eingeschätzt und darum zur Buchveröffentlichung der Dissertation den Essay »Der Fortschritt in der Kunst« als Originalbeitrag beigesteuert.[5] Ein Telegramm an Schütze vom 26. 1. 1976 (mit kuriosen Übermittlungsfehlern des Telegrafenamts) ist Zeugnis einer für Hacks seltenen vorbehaltlosen Zustimmung: »Lieber Herr Schuetze Ich denke das ich (= ist) erstklassig stop Bis wann spaetestens brauchen Sie meinen Text stop summa zum daude (= cum laude) Ihr Peter Hacks.«

In der Tat hatte Schütze die wesentliche Einheit des Ästhetischen und Politischen bei Hacks erfaßt. Mattenklott hob in seinem Gutachten hervor, es komme Schütze darauf an, »den theoretischen Begriff einer formationstypischen Form künstlerischer Widerspiegelung zu entwerfen«; und er profiliere »sein Deutungsmodell der Hacksschen Dramatik hauptsächlich oppositiv gegen trivialsoziologisch verkürzte und kunstferne Auslegungen der Widerspiegelungs- und Realismustheorie, die im Falle von Hacks eine angemessene Auffassung von dessen dramatischem

Werk verhindern«. Das entsprach natürlich ganz den Hacks-schen Konzeptionen. In meinem Gutachten ergänzte ich: »Richtig sieht Schütze, daß Hacks' kritische Reflexion der DDR-Entwicklung nicht etwa den gegen die DDR gerichteten polemischen Einstellungen westlicher Ideologien zugute kommt, sondern sich selber als ein Element innerhalb des Fortschritts beim Aufbau der DDR-Kultur erweist. Hacks ist sicher ein nicht immer bequemer, durchaus aber ein treuer Bürger der DDR. Der abschließende Teil 4 der Dissertation macht das deutlich«.[6]

Zum Tee bei Hacks

Mehr als fünfzehn Jahre dauerte es dann noch, bis ich Hacks von Angesicht zu Angesicht gegenüberstand. Anläßlich eines Berlin-Besuchs hatte er meine Frau Silvia und mich zu sich eingeladen.

Der Sturm und Drang der siebziger Jahre lag hinter uns. Zwei Jahrzehnte des theoretischen Widerstands gegen den von Chrustschow eingeleiteten Revisionismus hatten jeden von uns scharfsichtiger gemacht und mit schärferen Kanten zugeschnitzt. Wir verstanden uns auf Anhieb trefflich. Die Worte flogen hin und her in der Schönhauser Allee über einer in zartem Porzellan servierten Tasse Tee, mit jener ironischen Formvollendung, deren Hacks sich so meisterhaft bediente.

Ich werde auf Hacks' ausgefeilten Stil, der eher an der Frühklassik des späten 18. als an der Hochklassik des frühen 19. Jahrhunderts geschult ist, noch zu sprechen kommen. Hier, in dem perfekt stilisierten Ambiente seiner Wohnung, wurden wir von der stimmigen Einheit seines Betragens, seiner Sprache, seiner visualisierten Lebensform überwältigt. Dieser Salon war ein Kunstprodukt, eine Theaterdekoration, die Proklamation des Anspruchs, Formfragen ernst zu nehmen. Einem kunstfernen Lebenspraktiker mußte dieses ironisch gebrochene Spiel mit Requisiten manieristisch vorkommen (später auch mehr über Manierismus).

Silvia und ich waren entzückt. Wer erwartet schon, wenn er aus einer tristen U-Bahn-Station in der Schönhauser Allee heraufsteigt und in einem abgewohnten Mietshaus Altberliner Weitläufigkeit schnaufend die Treppen emporklimmt, von einem leicht nach vorn sich verneigenden Mohren in Empfang genommen zu werden, dessen ausgestreckten Arme einem ein Messingtablett mit Tabatièren entgegenhalten? Genau ein solches Objekt spätbürgerlichen Kitsches stand neben der Flügeltür, durch die wir eintraten. Ein nobler Kristalleuchter hing von der Stuckdecke, das Mobiliar passend und mit abgewogener Proportionalität in dem großen Raum plaziert.

Hacks begann mit vollendeter Liebenswürdigkeit Konversation – und sofort änderte sich die Atmosphäre. Seine Argumente waren zwar von der intellektuellen Geschliffenheit des Dixhuitième, aber die Themen überhaupt nicht verspielt und so nadelspitz die Gegenwart treffend, daß ein Gegner schmerzende Wunden davongetragen hätte. Wir aber waren uns einig in der Hochschätzung von Walter Ulbricht, in der Verurteilung der Politik, die aus dem XX. Parteitag der KPdSU resultierte, in der Bewertung des Anti-Stalinismus als einer bürgerlichen Strategie zur Destruktion des Selbstbewußtseins von Sozialisten. Später stellte sich dann heraus, daß wir auch über Sokrates einig waren.

Nenne ich diese Inhalte unseres ersten Gesprächs, so mag man sich vorstellen, wie stark die Diskrepanz zwischen dem Fin-de-siècle-Ambiente und der Lebenssituation des Jahres 1994 spürbar war. Ich mußte an das Zimmer im adligen Mädchenstift Smolny denken, von dem aus Lenin die Aktionen der Oktoberrevolution lenkte, die Sessel noch von Schonbezügen bedeckt (die Hacks natürlich sofort entfernt hätte!). Deutlicher könnte kaum sichtbar werden, wie die Ausdruckformen einer herrschenden Klasse sich in Chimären verwandeln, wenn eine neue Klasse antritt, die Gesellschaft zu verändern.

Wir leben in einer Übergangszeit, in einer »Zwischenwelt« (wie Ernst Bloch sagte[7]); und die Realisten in einer solchen Zeit sind jene, die die Artifizialität authentisch auszudrücken vermögen, die darin besteht, zugleich in zwei Zeiten zu leben, zu fühlen, zu denken: Mit aller Konsequenz Kommunist zu sein und doch das Design einer Kultur nicht preisgeben zu können, das auf das untergehende Bürgertum zugeschnitten ist.

Klassizität und Manierismus

Kurz vor seinem Tode schrieb Bert Brecht in einem nicht vollendeten Vorwort zur Ausgabe seiner Stücke in der Sowjetunion: »Der Stückeschreiber, dessen Stücke Sie hier vorgelegt bekommen, lebte sozusagen in zwei Zeitaltern, dem des Kapitalismus und dem des Sozialismus, während einer gigantischen Umwandlung der ganzen Menschheit. ... Im Kampf mit den alten gewinnen die neuen Ideen ihre schärfsten Formulierungen.«[8] Das ist unser aller Lage im Übergang von einem Zeitalter zum anderen. Nirgends ist der Widerspruch schärfer als im Formationswechsel. Es sind ja nicht Moden, die sich wandeln; nicht Phasen, die einander ablösen. Etwas ganz Neues hebt an – incipit vita nova. Aber die Salve des Panzerkreuzers »Aurora«, die die Menschheit aufweckte, war nicht die plötzliche Erweckung durch den Heiligen Geist, sondern das Signal, das einen langen Prozeß auslöste, der vom Alten zum Neuen hinüberführt. Und das Neue ist nicht das »ganz Andere« der Theologie, sondern das Andere des Alten, in dem dieses, wie auch immer sich verändernd, aufgehoben ist. Der Künstler ist ein Änderungsschneider. Er muß die Gestalt des Neuen in seiner noch verpuppten Form schon sehen und für diesen Gehalt aus der alten Form ein Gewand schneidern.

Die alte Form, der eine normative Verbindlichkeit über die Zeiten hinweg zukommt, ist die klassische. Sie enthält im Ausdruck der historischen Wahrheit einer Epoche zugleich das antizipierende Moment, auf eine mögliche Vollkommenheit des Menschseins hinzudeuten, die in der geschichtlichen Besonderheit nicht jeweils zu erfüllen ist. Die klassische Form ist das Medium, in dem der Widerspruch zwischen idealer Erwartung und Wirklichkeit erscheint. Bloch hat von der »utopischen Funktion des Kunstwerks« gesprochen. Als ästhetisches Prinzip kann sich dies nicht auf Inhalte beziehen, sondern auf die Weise, in der sie vorgezeigt werden. »Vorschein« ist eine Kategorie, keine Eigenschaft.

Die klassische Form entspricht einer Zeit, in der der Übergang von einer Gesellschaftsformation zur anderen vollzogen ist, und in der die selbstzerstörerischen Widersprüche der anderen noch latent sind; z.B. der perikleischen Periode Athens, der augusteischen Roms. Die ungleichmäßige Entwicklung der Nationen in Europa brachte zeitliche Verschiebungen zwischen den klassischen Perioden der Nationalkulturen mit sich.

Der Rückgriff auf Klassisches in Zeiten des Übergangs ist Klassizismus. In seiner akademischen Ausprägung ist der Klassizismus zweifellos epigonal. Aber er muß es nicht sein. Die Konfrontation der klassischen Form mit dem gegenwärtigen Inhalt kann eine Brechung verursachen, die eine spezifische Modernität ausmacht: Ironie, Regelverletzungen, bewußt eingesetzte Dialektwendungen und Vulgarismen zum Beispiel – kurz, allerlei »Störungen« des gehobenen Tons. Genau das zeigt sich bei Hacks. Wenn ich sagte, daß er eher an der Frühklassik des späten 18. als an der Hochklassik des frühen 19. Jahrhunderts orientiert gewesen sei, so sollte diese Bemerkung auf seinen ebenso dezidierten wie modifizierten Klassizismus hinzielen. Es gibt eine von Spottlust erfüllte Leichtigkeit bei ihm, die dem Rokoko näher steht als dem reifen Goethe (er verziehe mir!), und er hat sich diese Jugendfrische bis ins Alter erhalten, selbst als die Enttäuschung über die Niederlage des Sozialismus ihm einen bitteren Klang abnötigte. Das köstliche Gedicht auf das Stalin-Denkmal hebt mit einem lockeren Heine[9]-Ton an, gewinnt im Fortgang ein gewisses Pathos, dem großen Mann angemessen, und wird zornig über den Sturz, um dann mit einer Schelmerei zu enden:

> »Allein die Heimatgedichte
> Beklagen das klaffende Loch
> In der Heimatgeschichte.
> Gäb Gott, er stände noch.«

Es ist ersichtlich, daß ich nicht die disqualifizierende Charakteristik meine, die Walter Friedländer mit dem Begriff des Manierismus als »Ausdruck unnormativer, irrationaler und unnaturalistischer künstlerischer Bestrebungen« verbunden hat.[10] Dagegen hat schon Arnold Hauser festgestellt, er erkläre bloß, »daß der Manierismus antiklassisch sei, doch verschweigt, daß er zugleich klassizistisch ist«.[11] Daß die klassische Idealnorm in artistische Perfektionierung umschlägt, liegt eben daran, daß diese Norm nicht mehr einer gesellschaftlichen Lage entspricht, sondern ihr als Reflexionsgestalt vorgehalten wird. Genau das scheint mir für Hacks zuzutreffen. Der ausgefeilte Gebrauch klassischer Verse im Drama – nicht nur des uns vertrauten Schillerschen Blankverses, sondern auch des antiken Trimeter und des französischen Alexandriner – erfordert eine besondere rhythmische und semantische Geschmeidigkeit der Sprache. Diese Besonderheit ist nur dann »realistisch«, und nicht gekünstelt, wenn der Vers einen Sprachduktus wiedergibt, der situationstypisch oder klassenspezifisch ist. Hacks hat mit soziologischem Spür- und ästhetischem Scharfsinn das am Alexandriner demonstriert: »Was die Beamtenschaft unterdrückt, ist das Zufällige. ... Der Überbau dieser Lage war die Staatsvernunft. Die Staatsvernunft ist die einzige und letzte große Haltung, welche die Beamtenschaft dem neuzeitlichen Denken hinzufügte«.[12] Der Alexandriner, zeigt Hacks, ist der Vers des Beamtendenkens; er ist die Form, die den Satz zum Erlaß macht: »Der Alexandriner fordert, daß sich jeder Abschnitt des Sinns in einem Vers erledige; jeder einzelne Vers wird zur Sinn-Kapsel«.[13] Die Welt, das Weltgeschehen werden in Paragraphen eingeteilt. Aber Hacks ist Dialektiker, und der entdeckt den Selbstwiderspruch in der Sache. Die Länge der Paragraphen macht es unerläßlich, sie zuweilen zu unterteilen. Der Alexandriner kann in zwei Halbverse zerlegt werden, und Halbzeilen können sich über das Versende hinüber wieder zusammenschließen. »Vom Satzbau her kommt es darauf an, das Wechselspiel von langer Zeile und kurzer Halbzeile zu nutzen. Der Alexandriner erlaubt Überlängen und Überkürzen. Eine ganz ihm eigene Schönheit also sind weitverzweigte, über viele Verse sich hinziehende Gedankengänge, welche plötzlich durch eine Außerordentliches enthaltene Halbzeile abgelöscht werden.«[14]

Es hat mich immer entzückt, wie Hacks hier aus der Soziologie einer Kunstform die Kunstform eines gesellschaftlichen Verhältnisses macht. Wir hatten uns vorgenommen (oder vielmehr hatte ich es ihm vorgeschlagen), uns einmal, sozusagen in Klausur, über den Widerspiegelungscharakter der Versform zu unterhalten. Dazu ist es nicht mehr gekommen. Das Leben besteht aus vielem Versäumten.

Der Polemiker

Hacks war streitbar. Wo er Gefahr für die Rationalität im Sozialismus witterte, zog er unerbittlich zu Felde. Dabei konnte er auch ungerecht sein, und ich denke, er wußte das auch und leistete sich den Verstoß gegen seine eigenen Maßstäbe philologischer und historischer Gerechtigkeit. Kleist war ihm verhaßt – als antinapoleonischer preußischer Nationalist, als Junker, als Romantiker. Da konnte er nicht zugeben, daß Kleist einer der größten deutschen Sprachgestalter war. Die gesellschaftstheoretische Dialektik des Gespräches Kohlhaas–Luther paßte nicht in sein ideologiekritisches Bild, also ignorierte er sie. Nur widerwillig mochte er eingestehen, daß Kleist es verstand, Theaterstücke gut zu bauen – das zu leugnen, war sein eigenes handwerkliches Können als Dramenschreiber zu groß, an der Sauberkeit des Handwerks ließ er keine Abstriche zu.

Daß ein schöpferischer Künstler gegen andere Kunst ungerecht ist, kommt nicht nur immer wieder vor, sondern ist fast eine Notwendigkeit der Selbsterhaltung des Eigenen gegenüber Andersartigem. So mußte er sich gegen Brecht absetzen, der Ältere und doch von Anfang an Bewunderte hätte ihn überwältigt. So las ich amüsiert in seinem Brief vom 31. März 2003 anläßlich der Brecht-Ballade von der Entstehung des Buches Tao te king: »Brechts Metapher vom über das Harte obsiegenden Weichen ist so kitschig, daß sie inzwischen bereits zu einer Wahlhymne der Sozialdemokratischen Partei herhält«. Da war er nun wirklich von allen guten Geistern verlassen! Das Zitat ist ja nicht von Brecht, sondern in Brechts Gedicht das einzige wörtliche Zitat aus dem Lao zi, das Brecht verwendet (cap. 78). Und in der Brechtschen Fabel bekommt die Metapher einen Anklang an die Dialektik von Herr und Knecht. Natürlich war Hacks, dem im Zitieren so Peniblen, das durchaus bewußt; aber ein Seitenhieb auf Brecht tat ihm wohl – und wo konnte er den besser anbringen als an einem poetischen »Einfall«, da ihm doch gerade dieser als Keimzelle des Gedichts so wichtig war. »Der Einfall kann in der Lyrik als tragende Metapher erscheinen, die das Übrige des Gedichts letztlich zur bloßen Zugabe macht … Seine poetische Hauptsache, sein Merk-Mal«, schreibt Hacks in dem Essay über Sarah Kirsch.[15] Einen Einfall madig zu machen ist ein gezielter Dolchstoß.

Ich sagte an anderer Stelle einmal, man verstehe Hacks nur richtig, wenn man wahrnehme, daß er ein großer Satiriker ist. Das Merkmal seiner Satire ist die respektvolle Respektlosigkeit. 1971 schrieb er über Heiner Müller in einem fiktiven Brief an einen, der Müller besuchen wollte, von »der Ehre, mit diesem außerordentlichen Mann in einer Zeit und einer Stadt zu leben«, von einem »Kopf solchen Ranges«, um dann mit subtiler Bosheit fortzuführen: »Es verhält sich nicht so, daß ein zweiter Autor unter gleichem Namen sein Wesen triebe; unserer ist der einzige seines Vornamens. So schwer sich das glauben läßt, all jene heroischen Wasser- und wäßrigen Heroenbardiette, all jene Eindeutschungen Shakespeares und Molières sind vom Verfasser des ›Herakles‹ und des ›Philoktet‹; eben demselben, dessen Ruf sie so beflecken.«[16]

Später fiel das Urteil über Heiner Müller eindeutiger aus, und man mag in dem Geplänkel von 1971 schon die bloße Verachtung spüren, die in der sarkastischen Skepsis anklingt. 1990 heißt es dann (nach der Wahl Müllers zum Präsidenten der Akademie der Künste) in einem Brief an André Müller sen.: »Der schon irrsinnig geborene Müller hat die erlangte Macht über die Akademie für folgende Pläne genutzt: 1. Biermann aufzunehmen, 2. die Dekadenz zur obrigkeitlich verfügten Verfassungs-Ästhetik zu erklären und 3. das besagte Institut von den Kommunisten zu säubern.«[17] Da hört die verspielte Ironie auf. Das ist bitterer Ernst.

Die Satire ist eine Kunstform, die, wie alle Kunst, das Ernste vergnüglich inszeniert. »Die leichteste Weise der Existenz ist in der Kunst«, erklärt Brecht im »Kleinen Organon für das Theater«.[18] Das ist das Besondere und der Sinn des Ästhetischen. Vergnügen schließt nicht nur die sinnliche Freude ein, sondern auch die Lust am Erkennen. Darum ist die Ästhetik nicht abgehoben von den Bitternissen des Lebens. Der ästhetische Genuß entbindet nicht von der moralischen Verpflichtung, das Rechte zu tun. Der Ästhet Hacks ist immer auch ein strenger Moralist gewesen. Am Briefwechsel mit Kipphardt wird das deutlich ablesbar. Die Differenz in der politischen Moralität läßt zunehmend Entfremdung zwischen den Freunden aufkommen, bis dann schließlich auf verweigerte Solidarität der Bruch folgte.[19]

Hacks' Stil ist moquant, nicht nur in seinen Couplets. Er ist es auch sich selbst gegenüber (man denke nur an das Gedicht »Rote Sommer«[20]), und darum mit Recht auch gegen seine Freunde. So ging in unseren Briefwechsel immer wieder auch etwas Neckerei ein. Er wußte natürlich, daß ich seine Klassifikation der Linken zwar lustig fand, aber korrigieren würde. Und dann schreibt er schalkhaft: »Nun habe ich Ihnen doch zu einem Ärger verholfen.«[21] Das machte den Austausch mit Hacks so vergnüglich: Man konnte sticheln und freute sich, wenn es ein klein wenig (aber nicht mehr) piekte. Wo ein doppelter Boden ist, gibt's eine eigene Resonanz. Daß ich gerade Brechts »Legende von der Entstehung des Buches Tao te king« als Aufhänger nahm für den Beitrag zur Festschrift, die Hacks' 75. Geburtstag ehrte, galt natürlich dem *poeta eruditus*: Daß ein Dichter einen Text besser verstehen kann als die professionellen Linguisten, huldigte dem gebildeten Geschichts- und Literaturkenner, der Hacks war. Daß es gerade ein chinesischer Text ist, sollte natürlich auf unsere unterschiedliche Beurteilung des chinesischen Denkens anspielen.[22] Und genau darauf reagierte er mit der kaustischen Formulierung von der »Auslegung der Tatsache, daß die Flüsse, wenn sie lange genug rinnen, Schluchten graben«.[23] Solches Hin und Her macht die Lust am Briefwechsel aus – und ich sage das beschämt, weil ich in der Korrespondenz, nicht nur mit Hacks – immer im Rückstand geblieben bin.

Mit Hacks zu korrespondieren war wie ein Gespräch. Da kam es dann auch nicht darauf an, wer im Einzelfall recht hatte. Der Briefwechsel mit Kurt Gossweiler ist ein gutes Beispiel dafür.[24] Gossweiler ist ein exakter, akribischer Historiker; die Positivität zu belegender Fakten ist die Grundlage seines Wissens, seiner Erkenntnis, seiner Schlußfolgerungen. Vergleiche, Analogien, Konjekturen als Mittel von Sinndeutungen müssen ihm ein Greuel sein. So behält er mit seinen Einwänden gegen Hacks geschichtswissenschaftlich immer recht. Er beschreibt Tatsachen, wo Hacks Konfigurationen entwirft.

Der Historiker schreibt keine Romane. Wirklich? Von Gibbons »Decline and Fall of the Roman Empire« bis zu Droysens »Geschichte des Hellenismus« oder Rankes »Geschichte der Päpste« möchte ich das nicht so apodiktisch sagen.

Eine junge Kritikerin hat ihm in der »UZ« zum Vorwurf gemacht, daß er nach der Konterrevolution nicht in die politische Diskussion eingegriffen habe. Das war mehr aus ungestümem Aktionsdrang als aus literaturästhetischen Gründen geschrieben. Hacks argwöhnte, aus Erfahrung mit gutem Grund mißtrauend, dahinter stehe eine kulturpolitische Spitze der DKP gegen ihn. Ich zerstreute diesen Verdacht, zumal sich in der Partei mehr pluralistische Schmiegsamkeit als dogmatische Härte zeigte. Und ich versuchte, in einer kurzen Entgegnung die objektiven Gründe zu erwägen, warum es einem Dichter zu Zeiten die Sprache verschlagen kann. (Hacks' Brief vom 7. 4. 1998 enthält eine Anspielung darauf.)

Ich weiß nicht, ob damals schon die todbringende Krankheit sich in ihm ausbreitete und seine Energie zu mindern begann. Von so ernsten Dingen, die ihn betrafen, sprach Hacks nicht, er beschränkte sich darauf, der Mißlichkeit einer Erkältung bei schlechtem Wetter Ausdruck zu geben. Daß er bald nach dem

70. Geburtstag an einer Gesamtausgabe arbeitete, die das von ihm selbstkritisch als das Beständige Beurteilte enthalten sollte, deutet zumindest darauf hin, daß er an einen Abschluß dachte. Sein hoch gezüchtetes Formbewußtsein hat bei der Prüfung des eigenen Werks ihm in den letzten Jahren intensivste Anstrengung abverlangt. Wenn er seinen Briefpartnern in diesen Jahren gelegentlich schreibt, er habe hart gearbeitet, so ist damit gewiß auch immer die Planung und Ordnung der Werkausgabe gemeint. Die Begegnung mit sich selbst in den Stadien der eigenen Produktion hat immer etwas vom Charakter einer Szene des ägyptischen Totengerichts: rechenschaftspflichtig für sein Leben vor dem Totenrichter zu stehen, der man, sich spiegelnd, selbst ist; und zu wissen, daß nichts rückgängig gemacht werden kann, was man getan hat und was geschehen ist. In den zerfurchten Zügen des alten Hacks offenbart sich dieses Leben: Ironie und Güte, der Selbstschutz des Hochmuts und die treue Zuneigung zu Menschen, wie sie in der Freundschaft zu André Müller und dem Einsatz für Ronald Schernikau sichtbar wird.

Und eine so hinreißende Caesar-Monografie wie die von Christian Meier (um ein zeitgenössisches Werk zu nennen)[25] ist doch auch ein sinnverstehendes Kunstwerk. Der Historiker Walter Markov hat in der Festschrift zum 70. Geburtstag von Georg Lukács einen Beitrag geschrieben, in dem er »die Bedeutsamkeit des historischen Romans für die Nachprüfung des Wesenhaften im prozessualen Fortgang der Geschichte« hoch genug einschätzt, um »mit Heine anzuerkennen, daß ein historischer Roman zuweilen den Geist der Geschichte weit treuer gibt als ihr Historiograph. ... Der historische Roman mißt sich daher an der Wahrheit und Erlebbarkeit einer Atmosphäre, die weder von der Statistik noch von der politischen Ökonomie eingefangen werden kann«.[26] Und so antwortete Markov bejahend auf die Frage: »Erfüllt der historische Roman eine Funktion, die der Historiker selbst schlechterdings nicht vollziehen kann?« Aber eben unter der Voraussetzung, daß der Schriftsteller nicht seine Erlebniswelt in die Vergangenheit projiziert, sondern eine genaue Kenntnis des Andersartigen besitzt, die es ihm gestattet, exakte Analogien herzustellen.[27] Nicht jeder hat das Recht, im Felde der Geschichte zu dilettieren. Hacks hatte es, weil er über eine ungewöhnliche Kenntnis vom Geschichtsstoff verfügte. Seine »Kunstformen der Geschichte« betitelten Balladen[28] (oder wie immer man sie nennen möchte) zeigen das. Zu dem Titel hatte er sich von Ernst Haeckel anregen lassen, von dessen berühmtem Werk Hacks indessen meinte, es heiße: »Kunstformen in der Natur«.[29] Hacks hatte recht, bei seinem Genitiv zu bleiben. Denn was er da an Episoden darstellt, sind dramatische, balladeske Vorgänge, die der Geschichtsverlauf in seiner besonderen Bewegung im jeweiligen Einzelfall hervorbringt (Gen. Subi.) – während Haeckel Formen beschreibt, die im Reich der Natur auftreten und von uns als Kunstformen aufgefaßt werden können, weil gewisse visuelle Gestaltungen in unserer Wahrnehmung (gestaltpsychologisch) als »gute« oder »prägnante Formen« ausgezeichnet sind.

Hacks achtete genau auf begriffliche Schärfe. Vagheit war ihm zuwider. Auch Inkorrektheit im Faktischen. So legte er großen Wert darauf, Platons Zugehörigkeit zur Fraktion der 30 Tyrannen nicht nur (richtig) zu mutmaßen, sondern auch philologisch zu belegen.[30] In der Tat gehörte der Schülerkreis des Sokrates zur *jeunesse dorée* Athens, die auf der Seite der antidemokratischen Reaktion stand. In dieser Hinsicht ist auch das Sokrates-Bild der philosophiegeschichtlichen Überlieferung zu korrigieren – wie Hacks zutreffend anmerkt. Mir ist bis heute eine Marginalie aus einer Vorlesung von Karl Schlechta in Erinnerung, der sagte, man müsse zum Verständnis des Sokrates den Alkibiades mitdenken. Hacks hatte ein feines Gespür für politische Zusammenhänge, die sich in Personen manifestieren. Das war der Blick des Dramatikers, der sich auch bewährte, wenn er sich nicht auf Bühnenstoffe richtete, sondern auf die Dramatik des Zeitgeschehens.

Seine ebenso scharfe wie treffende Charakteristik von Menschen – Politikern, Schriftstellern, Wissenschaftlern – brachte stets Wesentliches zum Vorschein, auch wenn es unter dem Schein, den die Publizität verbreitet, verdeckt lag. Nachträglich mutet es merkwürdig an, daß wir eigentlich nie über seine (oder meine) Arbeiten sprachen. Sorge und Zorn über die politischen Geschehnisse absorbierten uns. Von Anfang an machte sich Hacks keine Illusionen über die Rolle, die die PDS unter der Führung, die bei der »Wende« das Kommando übernommen hatte, spielen würde. Bitter stimmte es ihn aber, daß die Kommunistische Plattform, die doch die verbliebenen Kommunisten in der DDR hätte sammeln und zu einer organisierten Kraft formieren können, sich Schritt für Schritt in die Strategie der Parteileitung einbinden ließ und die Alibi-Funktion von »Her Majesty's Opposition« erfüllte, deretwegen sie geduldet wurde. Und da auch die DKP-Führung, auf westdeutsches Umfeld fixiert, eine offensive Politik in den neuen Bundesländern zu lange vermissen ließ, zog Hacks sich in eine Haltung des Sarkasmus zurück, die wohl politisch klar war, aber aus der keine Aktivität nach außen entsprang. Er respektierte meinen Einsatz für die Bewahrung der leninistischen Tradition, aber nur aus der Distanz des zustimmenden Beobachters.

Das Erscheinen der Werkausgabe 2003 hätte Anlaß sein sollen, das Gespräch über die Kunst, über seine Kunst aufzunehmen; sein Tod im gleichen Jahr ließ es dazu nicht mehr kommen. Ich sage das sehr traurig, es wäre noch so vieles zu besprechen gewesen.

34 Jahre zuvor hatte ich die Basler Uraufführung der »Margarete von Aix« gesehen und besprochen.[31] Ich war damals, bei aller Bewunderung, kritisch gegen die ästhetische Utopie, die von der politischen Wirklichkeit abgehoben wurde. Hacks selbst hatte im Programmheft dazu das Stichwort gegeben: »Die Provence als Bild für die Idee der Kunst wird in dem Stück – als einer der großen utopischen Entwürfe – sehr ernst genommen. Um diesen Anspruch zu relativieren, gibt es eine Nebenfabel, die die Impotenz der Kunst zeigt.« Ich fragte mich nun: War ich damals vielleicht zu rigid im Urteil, wurde dem Autor nicht gerecht? Ich las, nach all den Jahren, noch einmal meine Kritik und aufmerksam das Stück daneben. Ich möchte mich nicht korrigieren. Im Stück bleibt die Kunst hilflos wie der gute König René – und das ist sie

nicht, und Hacks hat das auch nicht gemeint. Sein Werk ist alles andere als wirkungslose Spielerei, als l'art pour l'art. Es ist eine Waffe; wie schmal und elegant auch die Damaszener-Klinge ist, sie setzt präzise ihre tödlichen Wunden. Wie gerne hätte ich mit Hacks noch darüber nachgedacht, warum wir hier, möglicherweise, differente Blickrichtungen hatten.

Hacks war, so leicht er sich liest, schwer zu inszenieren. Er wußte das, hat immer wieder seinen Unmut über Regisseure geäußert. Vielleicht hätte eine andere Regiekonzeption den Gegensatz zwischen Politik und Kunst dialektischer zeigen können. Ich stelle mir vor, wie Planchon oder Strehler es gemacht hätten. Von Anfang an mehr Commedia dell'Arte, eine Reminiszenz an Goldoni. Die am Schluß eingestandene Impotenz des Seneschalls macht doch die Liebeständelei und Eifersüchtelei am Anfang schon zu einer Karnevaleske. Und das politische Spiel des Franzosenkönigs hat mit der Artistik Renés mehr gemein als mit der finsteren Verschwörung seiner Gegenspielerin Margarete. Dazu muß aber die tänzerische Leichtigkeit der Sprache in allen Szenen durchgehalten werden, müssen Margarete und Oxford sich als schwerfälliger Gegentypus davon abheben.

Beschwingtheit, Heiterkeit, Ironie der Hacksschen Verse – dieses Medium, in dem der Gedanke Kunst wird – finden nur selten einen kongenialen Dirigenten für die Musik der Sprache. 1971 wurde der »Amphitryon« im Zürcher Schauspielhaus aufgeführt – damals eines der großen deutschsprachigen Theater.[32] Was für ein herrliches Stück! Hacks hebt ja, abweichend von den großen Vorbildern von Plautus bis Kleist, die Verwechslungskomödie schon am Anfang auf. Alkmene glaubt dem Jupiter die Rolle des Amphitryon nicht; sie läßt sich gern auf die semantische Unterscheidung von Gatte und Geliebtem ein. Gott und göttlich können dann Metaphern sein für das Außerordentliche im Menschenleben, die Mythologie ein Gleichnis. Daß ein göttlicher Zauber die Menschen vergolde, so daß sie im Spiegel erkennen, was sie sein könnten – das bewirkt die Liebe. Aber sie ist Ereignis, das nicht bleibt; sie kann nur helfen, ein wenig verständnisvoller zu sein und sich »in der Nacht einmal zurechtzufinden«.

Zur »Margarete« verkündet Hacks, sie habe ein Happy End. Der »Amphitryon« natürlich auch. Diese glücklichen Ausgänge jedoch sind verschattet. Die Kunst Renés bleibt ein Reservat, die Versöhnung des doppelt betrogenen Paars ein Sich-Schicken ins Unvermeidliche. Hacks schreibt Komödie mit Trauerrand. Sein Optimismus reicht über das Menschenleben hinaus; er gilt der Gattung, nicht dem Fall.

Kommunisten kämpfen und bringen Opfer für den Menschen. Für jeden. Diese Haltung zu bewahren fällt nicht leicht in einer Zeit des Kleinmuts, des Verrats, der Wendehälse.

> »Von zwei Millionen blieben
> Kaum eine Handvoll grad.
> Es hat sie aufgerieben
> Gorbatschows Verrat.
>
> Sie haben keine Traute.
> Ihr Busen ist verwirrt.
> Und wer je auf sie baute,
> Hat sich verdammt geirrt.«[33]

In dieser Stimmung der Verachtung für Opportunisten und Mitläufer trafen wir uns. Nicht hoffnungslos für die Zukunft, aber mit geringen Aussichten für unsere Zeit. Hacks schrieb das Gedicht von den zehn Gerechten, von den paar übrig Gebliebenen, die tun, was zu tun ist: »Ihrer sind nicht viele. Ich zähle zehn, ich käme nicht auf elf«. Und schließt dann:

> »Hoffe auch du, Land. Zehn Gerechte hätten,
> Lesen wir, hingelangt, Sodom zu retten«.[34]

Ist das verzweifelt, ist es trotzig? Jedenfalls nicht aufmunternd. Von meinen vielen Vortragsreisen konnte ich ihm berichten, daß die Versprengten sich wieder sammelten, daß ein Kern von Kommunisten an den Erkenntnissen von Marx, Engels und Lenin festhielt, daß die Erinnerung an die DDR um so mehr positive Züge bekam, je länger die Realität des Kapitalismus erfahren wurde. Vor allem, daß junge Menschen – noch keine Massen, aber doch aktive – sich dem Sozialismus wieder als Ziel zuwandten. Unter seinen Xenien (die er Couplets nannte) ist eines, dem ich Erfüllung gewünscht hätte:

> »Daß einst mein Land abwirft sein Sklavenjoch,
> Ich glaub daran, nein, ich erleb es noch«.

Gottes Mühlen mahlen langsamer, als der revolutionären Ungeduld lieb ist. Hacks ist nicht mehr da. Aber ich spreche mit ihm, wenn ich in den fünfzehn grünen Bänden blättere. Lese ich mich fest, finde ich für jede Gemütslage Passendes. Ein spöttischer Hausfreund, der mich zu vergnügtem Schmunzeln bringt.

Anmerkungen

1 TOPOS. Internationale Beiträge zur dialektischen Theorie. Hg. Von Hans Heinz Holz und Domenico Losurdo, seit 1993. – DIALEKTIK. Internationale Beiträge zu Philosophie und Wissenschaften. Hg. von Hans Jörg Sandkühler, Hans Heinz Holz und Lars Lambrecht (zeitweilig mit wechselndem drittem Mitherausgeber), 1980–1992.

2 Vgl. Holz an Hacks 11. 4. 1994. Siehe auch Peter Hacks, Werke, Berlin 2003, Band 13, A. 502 ff.

3 Vgl. dazu die Berufungsgeschichte von Holz an die Marburger Universität 1970 bis 1973: Friedrich-Martin Balzer und Helge Speith (Hg.), Deutsche Misere. Die Auseinandersetzungen um den Philosophen Hans Heinz Holz, Marburg 2001.

4 Peter F. Schütze, Zur Kritik des literarischen Gebrauchswerts, Darmstadt und Neuwied 1975.

5 Peter Schütze, Peter Hacks. Ein Beitrag zur Ästhetik des Dramas. Kronberg/Ts., 1976. Mit einem Originalbeitrag von Peter Hacks: Der Fortschritt in der Kunst. Siehe Hacks, Werke, a.a.O., Band 13, S. 220 ff.

6 Die Zitate aus dem Gutachten im Promotionsverfahren Peter Schütze mit dessen freundlicher Erlaubnis.

7 Ernst Bloch, Zwischenwelten, Gesamtausgabe Band 12, Frankfurt am Main 1977.

8 Bertolt Brecht, Werke Band 6, Frankfurt am Main 1997 (Jubiläumsausgabe zum 100. Geburtstag), S. 687.

9 Hacks, Werke, a.a.O., Band 1, S. 305.

10 Walter Friedländer, Die Entstehung des antiklassischen Stils, Rep. F. Kunstwissenschaft Bd. 46. 1925.

11 Arnold Hauser, Der Manierismus, München 1964, S. 12 – Treffend charakterisiert

Wieland Schmied, 200 Jahre phantastische Malerei, Band 1, München (dtv) 1980, S. 30, den Manierismus als »eine der fruchtbarsten Übergangsperioden, in denen der menschliche Geist auf die Bedrohungen einer unruhigen Welt mit einer Fülle überraschender Ideen reagierte«.

12 Hacks, Werke, a.a.O., Band 15, S. 158 f.

13 Ebd., S. 168.

14 Ebd., S. 169.

15 Hacks, Werke, a.a.O., Band 13, S. 246.

16 Ebd., S. 144 ff.

17 André Müller sen. – Peter Hacks, Nur daß wir ein bißchen klärer sind, Briefwechsel, Berlin 2002, S. 113.

18 Bertolt Brecht, Kleines Organon für das Theater, Werke, a.a.O., Band 6, S. 552.

19 Peter Hacks – Heinar Kipphardt, Du tust mir wirklich fehlen. Briefwechsel, Berlin 2004. – Die Erläuterungen von Uwe Naumann, die von einer versteckten Abneigung gegen die DDR und ihre politischen Funktionäre zeugen, werden der Position von Hacks nicht gerecht.

20 Hacks, Werke, Band 1, S. 307.

21 In diesem Band Brief vom 27. 11. 2000.

22 In diesem Band Brief vom 11. 11. 1994.

23 In diesem Band Brief vom 31. 3. 2003.

24 Peter Hacks, Am Ende verstehen sie es. Politische Schriften 1988 – 2003, hier aus dem Briefwechsel mit Kurt Gossweiler, Berlin 2005, S. 109 ff.

25 Christian Meier, Caesar, Zürich o.J.

26 Walter Markov in: Festschrift Georg Lukács zum 70. Geburtstag, Berlin 1955, S. 143 und 151.

27 Ebd., S. 150.

28 Hacks, Werke, a.a.O., Band 1., S. 137 ff.

29 In diesem Band Brief vom 24. 11. 1997.

30 Hacks, Werke, a.a.O., Band 1, S. 288 ff.

31 Hans Heinz Holz, Rezension zur Uraufführung von »Margarete in Aix«, Frankfurter Rundschau 28. 9. 1969, Nr. 223, Seite 9 (s. S. 120 in diesem Band).

32 Hans Heinz Holz, Schulmeisterlicher Amphitryon. Besprechung der Inszenierung im Schauspielhaus Zürich, National-Zeitung Basel, 3. 3. 1971, Nr. 100, S. 9 (s. S. 123 in diesem Band).

33 Hacks, Werke, a.a.O., Band 1, S. 330.

34 Hacks, Werke, a.a.O., Band 1, S. 327.

DER BRIEFWECHSEL

ZWISCHEN

PETER HACKS UND HANS HEINZ HOLZ

Verehrter Herr Holz, hier das besprochene Manuskript.
Die Hegel-Stelle, wenn ich mich recht erinnere, habe ich bei
Ihnen geklaut.
Es wäre schön, wenn Sie mich im Sommer treffen könnten. Ich
schreibe beide Adressen auf. Die Sommeradresse gilt von Mitte
Mai bis Mitte Oktober.

Die verschiedenen Telephonierzeiten haben damit zu tun, daß
ich winters mit Fernsehen und nachts lebe, sommers hingegen
ohne Fernsehen und tags, ungefähr wie Dr. Jeckyll und Mr.
Hyde.

Herzlich und stets sehr ergeben,

Ihr

Peter Hacks

10437 Berlin, Schönhauser Allee, Telephon nachmittags
15749 Mittenwalde, Telephon vormittags

---

das besprochene Manuskript – In Heft 3 der Halbjahreszeitschrift Topos. Internationale Beiträge zur dialektischen Theorie, die seit 1993 von Hans Heinz Holz und Domenico Losurdo herausgegeben wird, erschien 1994 Hacks' Essay »Mehrerlei Langweile. Zu Jan Philipp Reemtsmas ›Das Buch vom Ich – Christoph Martin Wielands ‚Aristipp und einige seiner Zeitgenossen'‹«, Haffmanns 1993 (s. S. 89 in diesem Band). Der Übersendung des Essays waren telefonische Kontakte zwischen Holz und Hacks vorangegangen.
Die Hegel-Stelle – Hacks schreibt: »›Gesinnung‹, aber Reemtsma weiß es nicht nicht, ist unter Gesitteten ein sehr hochkarätiges Wort. Ich zitiere. Hegel (Geschichtsphilosophie): ›Von Robespierre wurde das Prinzip der Tugend als das höchste aufgestellt, und man kann sagen, es sei diesem Menschen mit der Tugend ernst gewesen. Die Tugend ist hier ein einfaches Prinzip und unterscheidet nur solche, die in der Gesinnung sind, und solche, die es nicht sind. Die Gesinnung aber kann nur von der Gesinnung erkannt und beurteilt werden. Es herrscht somit der Verdacht‹. Und: ›Diese subjektive Tugend, die bloß von der Gesinnung aus regiert, bringt die fürchterlichste Tyrannei mit sich«. (Vgl. Georg Wilhelm Friedrich Hegel: Werke in zwanzig Bänden, Band 12, Vorlesungen über die Philosophie der Geschichte, Frankfurt am Main 1970, S. 532f. Hacks stellte die Sätze gegenüber dem Original um.)

Lieber Herr Hacks,

nochmals herzlichen Dank dafür, daß Sie ihr genußvoll zu lesendes Manuskript TOPOS zur Verfügung gestellt haben und auch den Verlockungen von »konkret« nicht nachgeben wollten. Daß nun zwei Fliegen mit einer Klappe geschlagen werden, ist ein Ausgang, der mich besonders befriedigt. Ich hoffe, »konkret« hält sein Wort. Ihr Manuskript habe ich mit gleicher Post zur Produktion gegeben.

Als ich vor 1½ Jahren TOPOS gründete – unvorbereitet und unter dem Druck zu schnellem Handeln, nachdem mein Mitherausgeber Hans Jörg Sandkühler und die Redaktion von DIALEKTIK ultimativ erklärten, mit dem Kommunisten Holz nicht mehr als Herausgeber zusammenarbeiten zu wollen – da schwebte mir vor, für die Reste der verstreuten und unsicher gewordenen Marxisten und ihre Freunde einen Sammelpunkt zu schaffen. Wenn man sieht, wie wenige nur noch übrig geblieben sind und wie die meisten unserer theoretischen Wortführer verschlungene oder auch geradlinige Wege zum Opportunismus eingeschlagen haben, war das sicher ein verwegenes Unterfangen. Nun einen Essay von Ihnen bringen zu können – und dazu noch einen, der so kämpferisch und sarkastisch ist – bedeutet für die Funktion, die TOPOS gewinnen soll, sehr viel. Inhaltlich stimme ich ganz mit Ihnen überein, sowohl was die Unentbehrlichkeit der Philosophie als auch was die Einschätzung der Klassik angeht.

Daß solche Unternehmungen wie TOPOS und einige andere materiell möglich werden, haben meine Frau und ich durch eine Stiftung fundiert, die den Namen FONDAZIONE CENTRO DI STUDI FILOSOFICI S. ABBONDIO trägt. Wir geben eine kleine Schriftenreihe »dialectica minora« heraus, die auf akademischem Niveau materialistisch-dialektische Forschung vorantreiben soll (inzwischen 8 Bändchen) und vor allem auch eine Publikationsbasis für den Nachwuchs anbietet, der, wenn marxistisch, von den offiziellen Institutionen ausgeschlossen wird. Wir haben einen kleinen Preis für die beste Nachwuchsarbeit in der dialektischen Philosophie aus den EU-Staaten gestiftet, den alle zwei Jahre der Rektor der Universität Groningen verleiht. Wir veranstalten jedes Jahr bei uns in S. Abbondio ein Kolloquium für etwa acht Nachwuchswissenschaftler (dieses Jahr wird auch Sahra Wagenknecht dabei sein) und finanzieren nun, mit namhafter Unterstützung des Istituto Italiano per gli Studi Filosofici in Neapel, auch TOPOS. Es ist erstaunlich, wie viel man machen kann mit dem wenigen an Mitteln, die ein privates Individuum aufzubringen vermag, wenn nur die Bereitschaft zum eigenen Arbeitseinsatz, etwas Phantasie und vor allem Langzeitoptimismus da sind. – Sie sagen so dezidiert, daß Sie nicht aus Berlin wegzulocken sind; wenn diese Aussage ein Quentchen Konditionalis enthalten sollte, so sind Sie natürlich herzlich eingeladen, einmal unser Gast am Lage Magiore zu sein. Wir halten nicht ganz so prächtig Hof wie der gute König René, aber doch mit ebenso viel Lust. Und trotz Ihrer Geringschätzung des Aristipp (die natürlich philosophisch richtig ist), sind Sie doch hoffentlich einem hedonistischen Element in der Lebensauffassung nicht ganz abgeneigt (das meine ich jedenfalls der »Margarete in Aix« zu entnehmen) und würden Sonne, einen schönen italienischen Rotwein mit einem südländischen Essen zu schätzen wissen. (Der Zeitungsausschnitt, der über die Gründung unserer Stiftung berichtet, gibt Ihnen eine Andeutung davon.)

Ihr Hinweis, daß Sie das Hegel-Zitat in Ihrem Aufsatz möglicherweise bei mir gefunden haben, läßt mich vermuten, daß Sie meinen Aufsatz »Tugend und Terror« gelesen haben. Wenn nicht, schicke ich Ihnen gern eine Kopie, denn ich vermute, daß seine Gesinnung Ihnen sympathisch sein wird. Zunächst schicke ich Ihnen einmal die beiden ersten Hefte von TOPOS, das erste Bändchen der dialectica minora, das Sie wegen meiner Diskussion mit Fulda über die Umkehrung Hegels interessieren wird, und ein paar andere Kleinigkeiten, von denen ich denke, daß sie Ihnen in fernsehfreien Stunden etwas Zeitvertreib bieten können.

Vom 20.–23. Juni werde ich in Berlin sein, am 21. habe ich meine Vorlesung bei den Humboldt-Studenten, aber wahrscheinlich wird mich die Partei – d.h. die DKP – an einem Abend auch noch einsetzen wollen. Dennoch: es wäre nicht nur schön, sondern eigentlich unbedingt nötig, daß wir uns sehen. Ich will versuchen, einen Transport zu Ihrem Sommerdomizil zu arrangieren; auf jeden Fall haben wir ja noch Zeit, eine Verabredung zu treffen.

Herzlich (aber bitte nicht ergeben, sondern) sehr verbunden
Ihr
Hans Heinz Holz

Wir halten nicht ganz so prächtig Hof wie der gute König René – Holz bezieht sich auf den Hof des Königs René in Hacks' »Margarete in Aix«

Der Zeitungsausschnitt, der über die Gründung unserer Stiftung berichtet – Beigelegt war ein Zeitungsbericht der Tessiner Zeitung über die Gründung des Centro di Studi Filosofici.

Aufsatz »Tugend und Terror« – Der Aufsatz »Tugend und Terror« von Hans Heinz Holz erschien zuerst im Jahrbuch des IMSF aus Anlaß der 200-Jahrfeier der Französischen Revolution von 1989. Er wurde in der Zeitschrift »Streitbarer Materialismus« nachgedruckt.

Fulda – Hans Friedrich Fulda, Philosoph und Hegel-Forscher von internationalem Renommee.

S. Abbondio, 5. 8. 1994

Lieber Herr Hacks,

die Belege von TOPOS 3 haben Sie, hoffe ich, inzwischen vom Verlag erhalten. Herr Reemtsma hat prompt reagiert und um die Möglichkeit einer polemischen Replik gebeten. Ich habe ihm das selbstverständlich zugestanden, mit dem Zusatz, daß Ihnen, falls Sie es wünschen, ein Schlußwort zukomme.

Inzwischen habe ich beiliegendes Manuskript von Herrn Reemtsma erhalten. Auf den ideologischen Kern Ihrer Kritik geht er (natürlich) nicht ein. Ich würde mich freuen, wenn Sie ihm kurz und schlagend duplizieren, um die Sache »auf den Punkt« und zum Abschluß zu bringen. Ich müßte das Manuskript bis spätestens 20. September vorliegen haben, damit es in TOPOS 4 zusammen mit der Replik Reemtsmas veröffentlicht werden kann.

Lassen Sie mich noch einmal sagen, wie sehr ich es schätze, Ihren Essay in TOPOS habe bringen zu dürfen. Und daß ich Sie jederzeit mit Vergnügen wieder als Autor begrüßen werde.

Mein Besuch in Berlin im Juni war leider so kurz, daß es zu einem Ausflug an Ihren Sommerwohnsitz nicht gereicht hat. Ich hoffe, im kommenden Frühjahr wieder nach Berlin zu kommen und Sie dann sehen zu können.

Mit herzlichen Grüßen und Wünschen
                                    Ihr
                                    Hans Heinz Holz

Lieber Herr Holz, auf Ihren letzten freundlichen und aufschlußreichen Brief hatte ich, in Erwartung des baldigen Treffens, nicht geantwortet. Das Treffen fiel aus; jetzt kann ich nur mehr auf das eingehn, woran ich mich nach all den Monaten erinnere.

Italienische Professoren schreiben ebenso miserabel wie französische.

Mit wirklichem Glück erfüllt haben mich die österreichischen Archivare, welche vermöge ihrer Darlegung des Falls Savigny/ Biener gegen Gans meine Beschreibung der Berliner Universität im »Ascher« empirisch voll bestätigen. Das ist eine schöne Rubrik in Ihrem Blatt. Die Wirklichkeit ist eine mächtige Waffe.

Für Reemtsma danke ich. Das Wenige, das ich zu erwidern habe, liegt bei.

(Immerhin ist es das erste Mal in meinem Leben, daß mich einer einen Deutschnationalen nennt. Jeder weiß doch, daß ich ein DDR-nationaler bin.)

Der »Topos«-Beleg ist leider noch uneingetroffen. Ich grüße Sie von einem warmen Ort der Erde zu einem anderen. Bis zur nächsten Gelegenheit, schriftlich oder mündlich,
aufrichtig der Ihre
     Peter Hacks

Das Wenige, das ich zu erwidern habe. – Die Replik Jan Philipp Reemtsmas »Peter Hacks liest« sowie »Statt eines Schlußworts« von Peter Hacks erschienen 1994 in Heft 4 der Zeitschrift Topos.

[Beilage zum vorigen Brief:]

STATT EINES SCHLUSSWORTS

Die Redaktion TOPOS hat mir in der Sache Hacks vs. Reemtsma ein Schlußwort zugestanden. Ich muß mich für diesmal entschuldigen, setze aber, um JPR nicht auf eine Weise kurz abzufertigen, die als brüsk empfunden werden könnte, eine Stelle hierher, die mir inzwischen begegnet ist. Sie stammt aus dem Jahr 1954. Der Verfasser ist Georg Lukács.

»S. will nicht die vorwärtsweisenden Tendenzen der Aufklärung weiterbilden, d.h. unter den neuen Bedingungen der nachrevolutionären Periode den Kampf der Aufklärung um die Liquidation der feudalen Überreste fortsetzen, sondern er sucht bei den Aufklärern eine Stütze für die extrem-radikale philosophische Formulierung des Auf-sich-selbst-Gestelltseins des bürgerlichen Individuums. Wenn er sich also scheinbar mit bestimmten Tendenzen der Aufklärung berührt, wenn er einzelne ihrer Vertreter im Gegensatz zur Romantik lebend hervorhebt, so liegt darin eine Verdrehung der aufklärerischen Tendenzen ins Reaktionäre. Dieselbe Verdrehung werden wir auch später bei Nietzsche finden, als Sympathie mit den französischen Moralisten, wie La Rochefoucauld, sogar mit Voltaire, worin sich ebenso, freilich auf höher entwickelter reaktionärer Stufe, eine Verfälschung der wahren Tendenzen dieser Denker der Aufklärung ausdrückt«. (»Die Zerstörung der Vernunft«, zweites Kapitel, IV).

S. ist natürlich Schopenhauer. Tantum.

Lieber Herr Hacks,

es tut mir wirklich leid, daß der Verlag sich so wenig Mühe gegeben hat, Ihnen Ihre Sonderdrucke und Belegexemplare zukommen zu lassen, nachdem sie einmal aus Berlin zurückgeschickt wurden. Ich habe telefonisch angemahnt, ich hoffe, daß es nun klappt. Leider sind unsere linken Verlage nicht nur hoffnungslos unterbemannt, sondern auch noch schlampig – hier im Westen ist das eine Folge der antiautoritären 68er-Bewegung, in der jedes Bewußtsein vom guten Sinn von Korrektheit, Zuverlässigkeit, Pünktlichkeit, Disziplin (und ähnlichen »reaktionären« Tugenden) abhanden kam.

Das Erscheinen meines kleinen China-Büchleins benutze ich, Ihnen nicht nur dies, sondern zugleich auch TOPOS 3 zuzusenden, damit das Heft wenigstens als Vorbote der Verlagssendung zu Ihnen gelangt. Und TOPOS 4 mit dem Schlußwort folgt dann bald darauf.

Nicht, weil es erwähnenswert wäre, sondern um die Zuverlässigkeit der Postzustellung zu prüfen: Ich hatte Ihnen aus Aix eine Karte geschrieben (Ende August oder Anfang September), im Gedenken an Margarete. Ist die (nicht Margarete, sondern die Karte!) an Ihrer Sommer-Adresse angekommen?

Neben manchem anderen arbeite ich im Augenblick an einem Aufsatz über Metaphern, der den früher einmal (in der Bloch-Festschrift 1955) begonnenen Gedankengang wieder aufnimmt und weiterführt. Wenn das Manuskript so weit gediehen ist, werde ich es Ihnen zusenden, in der Hoffnung, von Ihnen Rat und Anregungen zu bekommen. Und im März werde ich voraussichtlich auch wieder einmal nach Berlin kommen.

Inzwischen gute Wünsche und herzliche Grüße

Ihr

Hans Heinz Holz

Das Erscheinen meines kleinen China-Büchleins – Hans Heinz Holz: China im Kulturvergleich. Ein Beitrag zur philosophischen Komparatistik, Dinter Verlag, Köln 1994.

Bloch-Festschrift 1955 – Ernst Bloch zum 70. Geburtstag. Festschrift, hrsg. von Rugard Otto Gropp, Berlin 1955.

[Postkarte, Motiv: Aix-en-Provence · La fontaine des Neuf Canons · Cours Mirabeau]

Der gute König René kommt nur noch als Firmenname vor (allerdings häufig), die Troubadours sind zu Straßenmusikanten vor den Touristencafés heruntergekommen! Sei's drum. Aix ist immer noch eine schöne und lebendige Stadt. So grüßt Margarete aus Aix ihren Autor, und mit ihr grüße ich Sie herzlich
Ihr Hans Heinz Holz

Wegen fehlender PLN erst zuhause spediert. Dank für Postscriptum zu Reemtsma!

Lieber Herr Holz, ich habe für Ihr chinesisches Buch sehr zu danken. Auf was Sie alles kommen. Ich will nicht sagen, daß ich dem Buch viel entnommen hätte, aber es hat mich stark beschäftigt.

Es ist ja das eine Problem, daß es auch in der Steinzeit Leute gab, deren Gehirn eine ebenso gute Maschine war wie das Gehirn Goethes, Hegels oder Marxens, und denen aber die Denkwerkzeuge fehlten, um mit ihrem Gehirn was Rechtes anzufangen. Vermutlich haben gerade die sich nicht im Bearbeiten von Feuersteinen hervorgetan, sondern sie haben sich die Magie und die Religion ausgedacht, und irgendwann, nach der Scholastik, sind ihrer aller Verdienste aufhebbar und anwendbar geworden. Ich war immer der Meinung, diese vorwissenschaftlichen Genies hätten uns selber – unvermittelt – übrigens nichts zu sagen, und ich gestehe, daß mich Ihr zweiter Teil von dieser Meinung nicht ernstlich hat abbringen können.

Der erste Teil, der über die Denkwerkzeuge handelt, stimmt dieser Meinung eher bei, obgleich er sie in I-1 lebhaft bestreitet. Eine Grammatik, die sich schlecht zum Ausdruck kausalen Geschehens eignet, ist schon ein großes Hemmnis; ein Volk ohne Wahrheitsbegriff ist eben ein Volk von Lügnern, und solange einer das Wort Osten als Sonne hinterm Baum schreibt und nicht O-s-t-e-n buchstabiert, wird er nie wirklich einsehn, daß das Wort eigentlich die Uhrzeigerrichtung der Erddrehung meint. Die chinesische Schrift ist in der Tat ein Unglück. Selbst die Sumerer und die Ägypter gelangten da weiter und haben uns doch immer das Schreiben beigebracht.

Mich wundert, daß Sie den Namen asiatische Produktionsweise nicht über die Lippen bringen. Da aus keinem einzigen Fall einer asiatischen Produktionsweise, bis zu den Türken hin, etwas geworden ist, kann die Frage nicht lauten: Warum ist ausgerechnet aus China nichts geworden? sondern nur: Warum wird aus der asiatischen Produktionsweise nichts? Die Antwort heißt natürlich: Weil das System der asiatischen Produktionsweise zu gut funktioniert. Es wird mit allen Widersprüchen fertig und hat von daher eine ungeheure Stabilität und keinen Antrieb zu Veränderungen. Die Chinesen sind von allen die aufgeklärtesten und daher von allen die dümmstgebliebenen. Man kann zu gut sein.

Es sind analoge Gründe, aus denen die italienischen Städte keine Nation machten.

Ich glaube nicht, daß das moderne China vom alten China profitiert. Maos Theorie ist nicht Marxens Philosophie, bereichert um die chinesische, sondern ganz einfach Marxens Philosophie, vermindert um die chinesische. Die ganze zivilisierte Welt ist tatsächlich eine Erfindung Europas und, nebenbei, das ganze Europa eine Erfindung der Griechen.

Ich bin, lieber Herr Holz, zu alt, um noch was zu lernen. Wenigstens bin ich nicht zu alt, um zu zanken. Besten Dank auch noch für das zusätzliche Toposheft; Pahl-Rugenstein hat inzwischen seine Pflicht getan, und ich bin ganz gesättigt, was meine Belege betrifft. Auch die Karte aus der Provence traf ein.

Leben Sie recht sehr gut.

Peter Hacks

[Anhängend ein Zettel mit handschriftlicher Anmerkung von Hacks:]
Praktisch: Einfluß der asiat. Prod.w. auf den Absolutismus.
Ästhetisch: Nichts von all dem gilt für die Kirche.

Lieber Herr Holz, Sie haben mir verraten, daß Plato ein Mitglied bei den 30 Tyrannen war. In meinen paar Quellen hier auf dem Dorf findet er sich nicht, nur Berühmtheiten wie Charmides und Kritias. Nun ja, ich bin Geschichtsschreibung gewohnt. Aber sind Sie so freundlich und bestätigen mir die Richtigkeit der Information?

Zumal mir inzwischen der Zusammenhang mit der Hochverratssache Sokrates aufgegangen ist. Immerhin war, wie schon Wieland im »Aristipp« auffällt, Plato beim Prozeß und Selbstmord aus Krankheitsgründen nicht zugegen; auch begab er sich, krank, wie er war, sofort in die Emigration und auf eine Weltreise, die ja dann in Syrakus endete. Wir sahen ihn, glaub ich, erst 387 wieder.

Wie verhält sich das alles? Die Typrannen werden ernannt 404. Plato assistiert Sokrates von 408 bis zu Sokrates' Tod 399. Die Tyrannen treten bereits 402 oder 401 ab, aber nicht vor genau 399 bringt Konon Persien in den Krieg mit Sparta und auf Athens Seite.

War Sokrates einfach ein persischer Agent? Oder war der Prozeß die – erst jetzt durchführbar gewordene – Revanche für die Verbrechen der Tyrannen und Platos Abreise ein Weg, dieser nämlichen Revanche für seine Person zu entgehen?

Ich hoffe Frau Holz und Sie wohlauf und grüße Sie herzlich.
Stets
Ihr Peter Hacks

---

daß Plato ein Mitglied bei den 30 Tyrannen war. – Das Gespräch über Platon fand per Telefon statt. Platons Zugehörigkeit zur Fraktion der dreißig Tyrannen geht aus seiner Selbstdarstellung im 7. Brief hervor: »Da viele die damalige Verfassung ablehnten, erfolgte ein Umsturz, und aus diesem Umsturz gingen einundfünfzig Männer als Leitende hervor, elf in der Stadt, zehn in Piräus – ... – und dreißig setzten sich als Leiter mit höchster Vollmacht ein. Von denen waren einige mir verwandt oder bekannt, und so forderten sie mich denn sofort auf mitzumachen, als wäre das meine Sache. Und was mir geschah, war bei meiner Jugend nicht verwunderlich: Ich glaubte nämlich, sie würden die Stadt aus ihrem ziemlich rechtlosen Leben zu einer gerechten Art führen und sie so verwalten; daher beachtete ich eifrig, was sie tun würden.«

Charmides und Kritias – Onkel Platons und Mitglieder der Athener Dreißig.

Immerhin war, wie schon Wieland im »Aristipp« auffällt, Plato beim Prozeß und Selbstmord aus Krankheitsgründen nicht zugegen – Diese Behauptung von Hacks ist nicht zu beweisen, da Platon in der »Apologie des Sokrates« (34a) ein Selbstzeugnis darüber ablegt, daß er beim Prozeß gegen seinen Lehrer anwesend war.

Lieber Herr Holz, Sie sehen, ich bleibe beim Thema. Viele Grüße an Frau Holz und Sie,

stets Ihr
Peter Hacks

ich bleibe beim Thema – Hacks schickte Holz das Gedicht »Die dreißig Tyrannen« zu. Holz teilte auf Befragen mit, er wisse nicht, ob es schon eine frühere Fassung des Gedichts gegeben hat. Insofern kann nicht überprüft werden, ob Hacks das Gedicht nach der Korrespondenz mit Holz verändert habe.)

S. Abbondio, 20. 9. 1996

Lieber Herr Hacks,

ich weiß mich schrecklich in Ihrer Schuld – Briefschuld, und habe keine andere Begründung für eine Bitte um Nachsicht, als daß ich Ihnen die Produkte zusende, deren Erzeugung mich daran gehindert hat, irgendwelche anderen Dinge an die Hand zu nehmen. Hier also Band I der Theorie der bildenden Künste, Band II und Band III folgen in vierteljährlichem Abstand. Sie können sich denken, wie absorbierend die Arbeit an einem solchen Unternehmen war. Wenn Sie aber hören, daß ich außerdem die Verpflichtung eingegangen bin, drei Bände Problemgeschichte der Dialektik der Neuzeit zu je 500–600 Seiten so fertigzustellen, daß sie im Herbst 1997 erscheinen können, dann werden Sie mich mit Recht für verrückt erklären (wie es meine Frau tut), aber vielleicht auch Verständnis dafür haben, daß ich bis Mitte nächsten Jahres kein sehr kommunikativer Zeitgenosse bin (und wohl auch für meine Umgebung nicht leicht zu ertragen).

Ich hoffe, die in den nächsten Monaten folgenden Bände werden dazu beitragen, mich zu exkulpieren, so daß mir Ihre Bereitschaft erhalten bleibt, nach Abschluß dieses Mammutunternehmens unsere für mich so angenehmen Kontakte wieder fortzusetzen.

Ich hoffe, daß Sie sich in besserer Verfassung befinden als ich und grüße Sie ganz herzlich, auch von meiner Frau

Ihr
Hans Heinz Holz

PS. am 30.9. macht Sahra Wagenknecht ihr Examen in Groningen; gerade rechtzeitig, daß sie sich vor meiner Emeritierung noch zur Promotion anmelden kann.

Band I der Theorie der bildenden Künste – Hans Heinz Holz: Der ästhetische Gegenstand. Die Präsenz des Wirklichen (= Philosophische Theorie der bildenden Künste I), Aisthesis Verlag, Bielefeld 1996.

[Postkarte, Motiv: Niederlehme (Kr. Königs Wusterhausen) ·
Ernst-Thälmann-Gedenkstätte in Ziegenhals · Gedenkmauer auf
dem Ehrenhof]

12. 10. 1996

Lieber Herr Holz, Dank für Ästhetik I. Ich werde ebenfalls sehr
fleißig gewesen sein. Wie immer,

Ihr
Peter Hacks

Lieber Herr Hacks,

herzlichen Dank für Ihre gesammelten Essays. Es ist erhellend und amüsant, über all die Jahre hinweg Ihre Reflexionen und Invektiven verfolgen zu können. Besonderen Spaß hat mir Ihre Karte bereitet, mit Thälmann auf dem Avis und Ulbricht auf dem Revers, zudem noch verheiratet mit Luise Henriette von Oranien. Welch eine Klassenhybride Sie da erzeugen und was für Eigenschaften werden sich ausmendeln!

Die Bundespost hat beide Konterfeis brav mit einem gemeinsamen Stempel versehen. Das wäre wohl ein Rarissimum für die Philatelisten. Aber die Karte eines berühmten deutschen Schriftstellers wird wohl dereinst in Marbach und nicht im Briefmarkenhandel landen.

Sie sehen, Sie versetzen mich in heitere Stimmung. Dafür dankt Ihnen und grüßt Sie herzlich (auch von Silvia)

Ihr Hans Heinz Holz

Ihre gesammelten Essays – Peter Hacks: Die Maßgaben der Kunst. Gesammelte Aufsätze 1959–1994. Edition Nautilus, Hamburg 1996.

Lieber Herr Holz, da haben sie aber eine beträchtliche Ernte ein-
gefahren und unter Dach. Gratulation. Und herzlichen Dank
natürlich.

Ich entnehme, eben noch rechtzeitig, daß Haeckels Bildwerk
nicht »Kunstformen der Natur«, sondern »Kunstformen in der
Natur« sich überschreibt, durch welchen Umstand der Titel meiner Balladensammlung, den ich bei Haeckel geklaut habe, nicht
»Kunstformen der Geschichte«, sondern »Kunstformen in der
Geschichte« zu lauten hätte, was mir überhaupt nicht recht ist.
Ich finde mein irriges Zitat besser. Möglicherweise war die Ver-
breitung dieser Information nicht der Hauptzweck Ihrer Ästhetik; diesen Zweck jedenfalls hat sie bei mir erst einmal erreicht.

Sie sind, was bürgerliche Kunst betrifft, duldsamer, als Lukács,
was bürgerliche Philosophie betraf, war. Ich kann mich Ihnen
für das 19. Jahrhundert mit Zurückhaltung anschließen, fürs
20. nicht. Der letzte Maler, der kein Manierist war, war, soweit
ich sehe, Boucher. (Ich sage das, weil ich Goya nicht leiden kann).

Sollte man nicht bestimmen: Malerei war eine Kunstsorte des
15. bis 17. Jahrhunderts? So wie ja zweifellos gilt, daß die Musik
eine ganz allerliebste Kunstsorte des 17. und 18. Jahrhunderts
war, vielleicht auch bloß des 18.

Sie sehen, lieber Herr Holz, auf was Sie mich alles bringen, und wir
Menschen besitzen nun ein weiteres Werk, das alles über die Kunst
weiß, außer was sie ist. Allerschönsten Gruß an die Frau Holz,
Stets und ergebenst,

Ihr Peter Hacks

Haeckels Bildwerk – Hacks täuscht sich. Der Titel von Ernst Haeckels Werk lautet
tatsächlich »Kunstformen der Natur«.
bei Haeckel geklaut – Hacks hatte seinen Balladenzyklus »Historien und Romanzen«
in der erweiterten Neuauflage seiner Sammlung »Die Gedichte« (Hamburg 1998) in
»Kunstformen der Geschichte« umbenannt.

Lieber Herr Holz, fast ersaufend in einem Meer von Plagen, wie Sie sind, haben Sie sich jetzt auch noch in eine Hacksehrung hineintunken lassen. Ich kann nur sagen, daß ich das mißbillige. Sie arbeiten, wissenschaftlich und politisch, mehr als irgendein lebender Mensch, Klaus Huhn ausgenommen, das muß irgendwann aufhören. Muße ist die einzige Medizin, Lords kriegen keine Infarkte, weniger, aber besser, wie der Volksmund sagt. Ich fordere Sie zu einem Sprung in den Zustand der produktiven Faulheit auf, denjenigen Ihrer Arbeiten zuliebe, die wirklich nur Sie und kein verdammter anderer bewältigen können.

Natürlich bin ich gern von Ihnen gelobt. Das realallgemeine Individuum ist eine schöne und schmückende Begriffsschenkung. Ich bitte Sie, mich auch im fernern uneingeschränkt als Ihren Freund bezeichnen zu dürfen, und die Idee, Arm in Arm mit Ihnen das Jahrhundert regalieren zu sollen, kommt mir angenehm und in höchstem Maße schmeichelhaft vor. Aber damit wir das machen können, müssen Sie mir eben am Leben bleiben. Ich grüße Sie und empfehle mich der Frau Holz, die, hier bin ich mir sicher, meine Schelte als Beitritt zu ihrer Partei begrüßen wird.

Innigst und immer,

Ihr
Peter Hacks

---

eine Hacksehrung – Hacks bezieht sich auf den Artikel von Hans Heinz Holz zu seinem 70. Geburtstag in »junge Welt« (s. S. 125 in diesem Band).

Lieber Herr Hacks,

Ihr Brief, den zu lesen mich wohlgemut machte, hat mich zugleich beschämt. Sie schreiben, noch ehe ich meinen Geburtstagsglückwunsch zu Papier gebracht und das Ihnen zugedachte Paket zur Post gegeben habe. Meine Intention war, Ihnen zum Geschenk einen kleinen Essay über auctoritas zu schreiben – zu schreiben, weil ich nicht wüßte, wie ein Autor dem anderen seine Zuneigung ausdrücken sollte als durch eines seiner Geisteskinder; und über auctoritas, weil Sie, der die Form der Quaestio so zwanglos und geschliffen zu handhaben verstand, wahrscheinlich der einzige Kommunist sind, der den Wahrheitswert des klassischen Gedankens und die bedeutende Notwendigkeit des sich wandelnden Zitats begreift, erfahren hat. Nun, diese persönliche Huldigung, die vermutlich nur Sie als solche verstehen werden, liegt von Spitalzwängen unterbrochen, noch unvollendet vor mir, wird aber fertiggestellt werden und Ihnen auch dann noch, hoffe ich, Freude bereiten. Inzwischen nehmen Sie bitte mit einem anderen, nicht so persönlichen, sondern der Öffentlichkeit schon übergebenen Zwilling vorlieb, den beiden erschienenen Bänden von ›Einheit und Widerspruch‹ – der dritte folgt dann nach Auslieferung nach. Das Paket geht gesondert, weil es viel länger braucht als ein Brief, um zu Ihnen zu gelangen. Und obenauf liegt ein Lorbeerzweig aus unserem Garten – mögen Sie dabei an Petrarca oder Ulrich von Hutten denken!

Ihren Rat zur produktiven Muße werde ich notgedrungenermaßen befolgen müssen (und meine Frau ist für ihre Parteilichkeit für die Faulheit sehr dankbar); denn im Augenblick fällt mir alles noch recht schwer. Ich habe zwar mein ganzes Leben Muße immer so verstanden, daß ich von einer pflichtgemäß zu beendenden Sache (die ja immer ennuyierend ist, weil man schon weiß, was man noch sagen will) zu einem reizvollen neuen Stoff überzugehen, den die Gedanken erst noch umspielten. Daraus wird dann aber sehr schnell ein neuer innerer Zwang, der strenge Arbeitsdisziplin erfordert, und das muß ich mir im Augenblick versagen und bei der Tändelei mit dem oder jenem bleiben. Wir wollen in der zweiten Junihälfte für drei Wochen nach Andalusien, Maurisches vor Augen und den Averroes Latinus im Koffer (da ich leider kein Arabisch kann). Sie sehen also, was für Allotria ich treibe!

Mein Bedürfnis nach einem langen und ungestörten (d.h. von Alltagsproblemen ungestörten) Gespräch mit Ihnen ist groß. Es gibt so vieles, was ich von Ihnen hören möchte. Zum Beispiel: Seit Bruno Snell, der nun schon lange tot ist, sind Sie der erste Mensch, dem ich begegnet bin, der nicht nur weiß, was ein Metrum *ist* (auch diese Kenntnis ist selten), sondern was es *bedeutet*. Über den (in meiner Terminologie) Widerspiegelungscharakter der Metra würde ich gern mit Ihnen sprechen. Über Kleist würde ich mich gern mit Ihnen streiten, der zwar ein schrecklicher romantischer Reaktionär ist, aber doch auch ein großer realistischer *und* poetischer Dichter und dessen Sprache von einer Genauigkeit ist, wie wir sie selten finden; ich würde jedem jungen Schriftsteller empfehlen, erst einmal ein paar Jahre lang die Anfangssätze der Kleistschen Novellen zu studieren, ehe er selbst beginnt, eine Erzählung zu schreiben. Ganz besonders möchte ich mit Ihnen eine Strategie besprechen, wie man unseren hilflosen Möchte-Gern-Dialektikern beibringen kann, daß die Mitte der Ort der dialektischen Zeugung ist, daß die Zentralkategorie Hegels nicht die Negation, sondern die Vermittlung war, und daß man schon auf das Niveau der Oiserman und Konsorten heruntergekommen sein muß, wenn man darunter Versöhnung versteht. Das, ach, und vieles mehr. Ich möchte Sie nicht erschrecken, es kann auch eine Selektion sein.

Noch ein kleines Wort zu Ihrem Brief: Ich habe Sie nicht ›gelobt‹, das stünde mir gar nicht zu. Außerdem lobe ich nur Studenten, meist dann, wenn sie etwas Falsches sagen, worin etwas Richtiges sich verbergen könnte, um sie mit Hilfe des Lobes draufzubringen. Was ich in der Jungen Welt schrieb, war einfach

Bewunderung für und Verwunderung über ein literarisches Phänomen, das singulär ist und das, nun nicht ganz zufällig (denn Kontingenzen in der Kunst gibt es nicht) Sie als Person sind, so daß die Bewunderung und Verwunderung nun eben auch Ihrer Person gilt. In dem Belinden-Text verschlingt sich für mich das alles auf wunderbare Weise, darum habe ich damit angefangen.

Ob es uns gelingen könnte, das Jahrhundert zu regalieren, weiß ich nicht. Es aber zusammen mit Ihnen zu versuchen, ist jedenfalls ein stimulierender und vergnüglicher Gedanke, und ich verspreche Ihnen gern, zu diesem Zwecke (unter anderem) am Leben zu bleiben; wenn Sie mir dasselbe versprechen. Dann ist also demnächst einmal eine Berliner Konferenz fällig, es gibt ja deren hundertzwanzigsten Jahrestag zu begehen, wenn auch Bismarck und Disraeli nur 35 Jahre imperialistischen Frieden ausgehandelt haben.

Lieber Herr Hacks, mögen Sie von den Pfeil und Schleudern eines wütenden Geschicks verschont bleiben und mit der Gelassenheit Senacas, des entzückenden, rechthaberischen alten Herrn, Ihr nächstes Lebensjahr genießen.
Dies wünscht Ihnen uneingeschränkt freundschaftlich
Ihr
Hans Heinz Holz

und Sivlia schließt sich diesen Wünschen mit Herzlichkeit an.

Essay über auctoritas – Der Text erschien erst ein Jahr später (siehe Anmerkung zum 30. 8. 1998 und S. 128 in diesem Band).
›*Einheit und Widerspruch*‹ – Das Paket enthielt: Hans Heinz Holz: Einheit und Widerspruch. Problemgeschichte der Dialektik in der Neuzeit, Band I: Die Signatur der Neuzeit, J. B. Metzler, Stuttgart/Weimar 1997; und: Hans Heinz Holz: Einheit

und Widerspruch. Problemgeschichte der Dialektik in der Neuzeit, Band III: Die Ausarbeitung der Dialektik, J. B. Metzler, Stuttgart/Weimar 1997.

Bruno Snell – Bruno Snell (1896–1986), deutscher Altphilologe. Autor von »Die Entdeckung des Geistes – Studien zur Entstehung des europäischen Denkens bei den Griechen« (1946) und »Griechische Metrik« (1955).

Oiserman und Konsorten – Teodor Iljitsch Oiserman (geb. 1914), Philosoph, Mitglied der Russischen Akademie der Wissenschaften

Dann ist also demnächst einmal eine Berliner Konferenz fällig, es gibt ja deren hundertzwanzigsten Jahrestag zu begehen – Der Berliner Kongreß war eine Versammlung von Vertretern der damaligen Großmächte Deutschland, Österreich-Ungarn, Frankreich, Großbritannien, Italien, Rußland und dem Osmanischen Reich, die auf Einladung von Otto von Bismarck vom 13. Juni bis 13. Juli 1878 in der Reichskanzlei in Berlin zusammentraten. – Dem Kongreß vorangegangen war der Frieden von San Stefano, der den russisch-türkischen Krieg und somit die Balkankrise beendete. Bei den vor allem von Rußland diktierten Friedensverhandlungen hatte das Osmanische Reich seine letzten Gebiete auf dem Balkan verloren. Gegen den Machtzuwachs Rußlands auf dem europäischen Kontinent erhoben Großbritannien und Österreich Einspruch. Bismarck trat als »ehrlicher Makler« auf. Das Ergebnis der Beratungen war der Berliner Friede vom 13. Juli 1878, der die Fürstentümer Rumänien, Serbien und Montenegro für souverän erklärte sowie Bulgarien als souveränen Staat anerkannte.

Sie, der die Form der Quaestio so zwanglos und geschliffen zu handhaben verstand – bezieht sich auf Hacks' Aufsatz »Der Fortschritt in der Kunst«.

Über Kleist würde ich mich gern mit Ihnen streiten – bezieht sich offenbar auf Hacks' Aussage: »Kleists Verse, bei noch starkem Bemühen um einen klassischen Stückaufbau, nähern sich aus Vorsatz der Prosa und sind absichtlich schlecht« in seinem Aufsatz »Ein Motto von Shakespeare über einem Lustspiel von Büchner«.

von den Pfeil und Schleudern eines wütenden Geschicks – leicht abgewandeltes Shakespeare-Zitat; scherzhafte Antwort auf Hacks' an dieselbe Stelle angelehnte Formulierung »ersaufend in einem Meer von Plagen« aus dem Brief vom 27. 3. 1998.

des entzückenden, rechthaberischen alten Herrn – Zitat aus dem »Seneca-Essai« von Hacks (HW 15, S. 226).

Lieber Herr Holz, so wie viele sehr gesunde Leute lernen müssen, krank zu sein, müssen viele sehr tätige Leute lernen, alt zu sein. Von Goethe aber lernt man auch das. Wie viel vom »Faust II« fertigzustellen noch übrig war, weiß man (oder ich) nicht, und außer dem hat er nach dem »Divan«, also ab 70, nichts mehr gemacht. Und mit Mitte 70 sagt er, um über griechische Tragödien nachzudenken, sei er zu alt. Ich danke Ihnen aufrichtig für Ihren Klaps auf das Greifswalder Christinchen, welcher, wenn wir es streng nehmen, Herrn Deumlich gilt, und ich danke Ihnen sehr herzlich für Ihren Brief, aber ganz richtig getändelt war das alles noch nicht.

Gleichsam in Vorbereitung der Berliner Konferenz gebe ich Ihnen meine spontanen Antworten auf Ihre vorhabenden Fragen.

Der Grund für die Wahl eines Metrums hat fünf Wurzeln, eine mehr als ein Backenzahn. 1. die morphologische; das Metrum muß zur sonstigen Gestalt des Dichtwerks passen. 2. Es muß zu den klassenmäßigen und nationellen Gewohnheiten der Leser passen, 3. es muß zum Autor passen. 4. Die meisten Stoffe gehen in den meisten Metren zu sagen, aber nicht jeder in jedem. 5. Das Metrum muß den herrschenden Produktionsverhältnissen entsprechen. – Ich habe, glaub ich, irgendwo behauptet, der Alexandriner hätte sein müssen der Theatervers der Stalinzeit. Er war es nicht nur nicht; es war so, daß auch unter Stalin die Russen ihre Alexandrinerdramen, die sie von Katharina her haben, nicht einmal kannten. Das also spricht entweder gegen die Macht oder für ein schlechtes Gewissen des Stalinismus. Ob man 5 auch so formulieren könne: Das Metrum Alexandriner intendiert eine Stärkung des Produktionsverhältnisses Absolutismus, läßt sich, scheint mir, auf eine weitläufig vermittelte Weise bejahen. – Meine eigenen Haupterfahrungen hinsichtlich des Widerspiegelungscharakters der Metra bestehen in meinen Problemen bei der Wiedereinführung des Alexandriners und des Trimeters ins deutsche Drama und in meiner (vergeblichen) Suche nach einem epischen Nationalvers für ein Epos; (beiläufig, ich habe ebenso vergeblich nach einem Nationalstoff gesucht. Ich habe lange den Ulbricht erwogen, aber epische Stoffe müssen vorgebildete Stoffe sein). – Der wahrscheinlich stärkstwirkende Grund für die Wahl eines Metrums ist 6. der Zufall; einem ist eine gute Zeile eingefallen, und nun muß sich sein Gedicht nach ihr richten.

Die Erkenntnis, daß das Normale marxistisch ist und nicht das Exzentrische, ist die Hauptnachricht der »Sprachwissenschaft«, und daß der Unterschied zwischen dem Hausbackenen und dem Erlesenen in nichts besteht als in einem um ein paar Triaden höheren Niveau scheint mir das eigentliche Verdienst Stalins gegenüber Marx und gegenüber Lenin. – Verwandt mit dem Streben nach einer Mitte ist wohl die Lust der Kommunisten auf Affirmation; der selige Schernikau hat hierauf immer viel Wert gelegt. Jede Negation hat eine Aura von Langweile. Dummköpfe, leider, fühlen genau andersherum, und hierin, scheint mir, liegt die strategische Schwierigkeit, die Sie ärgert.

Verzeihen Sie die Geschwätzigkeit dieser Auskünfte. Anfragen haben eine furchtbare Gewalt über mich.

Zu Kleist versuche ich zu schweigen, deute aber an, daß ich diesen Menschen für einen fähigen Dramatiker halte. Von Dramaturgie verstand er was. Die übelste Lobhudelei der Konterrevolution, der »Homburg«, ist ein fast vollkommenes Stück. Als Metriker freilich kann ich ihn nur für einen bewußten Feind ansehen. – Was die Prosaanfänge betrifft: Gut, es ist die Prosa eines Dramatikers, der weiß, was eine Exposition ist. Aber die heitererhabenen, göttlich-selbstverständlichen Einsätze mozartscher Symphonien sind sie eben auch nicht.

Ihre schwergewichtigen Bände, die Sie ankündigen, erwidere ich vorbeugend mit einem schmalen Schabernack. Ich bin kein

Schelm und gebe, was ich habe. Leben Sie gut, vergnügt und, ich wiederhole mich, faul. Mit den allerschönsten Grüßen an Frau Holz und Sie verbleibe ich

Ihr gehorsamer
Peter Hacks

P.S. Buchstäblich in diesem Moment kommt ein Mann und bringt Ihre Dialektikgeschichte. Ich bin ganz versessen drauf. Allein das Inhaltsverzeichnis läßt mir das Wasser im Maul zusammenlaufen.

---

der selige Schernikau – Ronald M. Schernikau (1960-1991) veröffentlichte u. a. »Kleinstadtnovelle« (1980), »Die Tage in L.« (1989). 1992 erschien sein Briefwechsel mit Peter Hacks unter dem Titel »Dann hätten wir noch eine Chance«. Schernikau war am 1. September 1989 in die DDR übergesiedelt.
das Greifswalder Christinchen – gemeint ist Cristina Fischer, Kritikerin (zum Hintergrund: Armin Stolper, Ein Glückwunsch und seine Folgen; in: In den Trümmern ohne Gnade. Festschrift für Peter Hacks, hrsg. v. A. Thiele, Berlin 2003, S. 37-44).
Theatervers der Stalinzeit – In »Die deutschen Alexandriner« (HW 15, S. 158).
Hauptnachricht der »Sprachwissenschaft« – gemeint ist Stalins Schrift »Der Marxismus und die Fragen der Sprachwissenschaft« (1950).
Ich bin kein Schelm und gebe, was ich habe – abgewandeltes Selbstzitat. Im Aufsatz »Der Fortschritt in der Kunst« heißt es über Goethe: »Er entsagte, das heißt, er war kein Schelm, der mehr gab, als er hatte.« (HW 13, 232)

Am 11. Mai feiert Silvia ihren 60. Geburtstag. Wir möchten ihr eine Glückwunsch-Mappe zusammenstellen von allen jenen, die sie mit ihrer Freundschaft und Zuneigung, mit ihrer Gastfreundschaft und Fürsorge beglückt hat. Jede/r möge ihr auf einem Blatt ein paar Zeilen, ein passendes Zitat, ein Gedicht, eine Zeichnung oder Karikatur widmen (oder was sonst noch an Einfällen auftaucht). Damit die Blätter einheitlich zusammengefaßt werden können, legen wir diesem Rundschreiben zwei Bögen (einen zur Reserve) bei, die im adressierten Kuvert zurückgesandt werden können.

Um den Überraschungseffekt sicherzustellen, werden alle Glückwünsche zentral von Frau Annegret Kramer, Frankfurt am Main, gesammelt. Wir hoffen, daß Sie sich möglichst zahlreich beteiligen.

Mit Dank und Grüßen

Prof. Dr. Hans Heinz Holz

SILVIA HOLZ, 60

Die Professorin Hegel kennt mit Stolz
Der Deutsche, und die Professorin Holz.

> Ich segne Sie,
> Ihr
> Peter Hacks

Zum 11. 5. 1998

An Professorenseite – respektlos

Die Tucherin verstand etwas vom Biere,
wie man's aus Malz und Hopfen produziere,
Der Hegel trank in der Distillerie
zur Nacht ein Maß – und sah die Kategorien.

Der Holz, wenn er sich den Bordeaux einschenkt,
gewiß nicht an Kategorien denkt.
Wer ist da stolz? Mir fällt dazu nur ein:
Der eine roch nach Bier, der andere nach Wein.

Für Ihren Vers ins Geburtstagsstammbuch danke ich Ihnen,
lieber Herr Hacks, ganz herzlich,
Silvia Holz-Markun

Mai/98

Lieber Herr Hacks,

das Geburtstagsgebet auf Raten wird hier fortgesetzt. Einheit und Widerspruch ist nun komplett. Der Aufsatz, der Ihnen gewidmet sein wird, ist fast fertig und soll in Topos 12 gebracht werden.

Herzliche Grüße, auch von Silvia,

Ihr
Hans Heinz Holz

Einheit und Widerspruch ist nun komplett – Übersandt wurde: Hans Heinz Holz: Einheit und Widerspruch. Problemgeschichte der Dialektik in der Neuzeit. Band II: Pluralität und Einheit. J. B. Metzler, Stuttgart/Weimar 1997.
Der Aufsatz – Es handelt sich um den Peter Hacks gewidmeten Aufsatz »Autorität, Vernunft und Fortschritt. Reflexionen zur scholastischen Methode«. Er erschien 1999 in Topos Nr. 12 (s. S. 128 in diesem Band).

Lieber Herr Holz, ich ziehe fertige Dome den Fragmenten von Domen vor und freue mich über die vollbrachte Dialektik-kathedrale. (Ein heutiger Berliner würde sagen: Holz-City). Die drei Bände befinden sich immer genau an den Orten, wo ich sie jeweils eben nicht brauche; das ist, warum ich Sie auf Erwiderung habe warten lassen und noch lasse. Vorab aber meinen aufrichtigen Glückwunsch zur Beendigung des kaum Abschließbaren.

Ein Paar Trümmer aus Band 1 finde ich noch in meinem Gedächtnis oder auf Zetteln. Auf pag 63, sagt mir so ein Zettel, wird zwei Mal das Wort Gebaren mit h, also »Gebahren« gedruckt; ist das schon Neuschreib, oder ist es einfach Metzlers Pfusch? In der Optimismusfrage ist Leibniz dem Voltaire automatisch in dem Maße überlegen, in dem das Zeitalter Ludwigs XIV dem Zeitalter Ludwigs XV überlegen ist. Dem Axiom von der Selbstbewegung der Materie mag ich nur halbherzig zustimmen; jedenfalls gilt es nicht für Fußbälle.

Der Stalinaufsatz bei Eggerdinger (und in der nVz) ist allen Menschen ein Wohlgefallen, oder so gut wie allen. Die Frau Holz macht mir Gedichte, und so denke ich, daß es Ihnen beiden sehr gut geht. Ich wollte auch nur endlich das eingetroffene Buch bestätigen, bevor ich wieder die Stadt beziehe.

Alles Schöne, Ihr
Peter Hacks

Stalinaufsatz bei Eggerdinger – »Stalin als Theoretiker des Leninismus« von Hans Heinz Holz; in: »Streitbarer Materialismus« 22, München 1998, hrsg. von Stefan Eggerdinger.
nVz – Schreibfehler von Hacks? Nach Meinung von Holz handelt es sich um die »Neue Volksstimme« von Lisl Rizy in Wien.

S. Abbondio, 6. 2. 1999

Lieber Herr Hacks,

es ist mir durchaus bewußt, wie ungehörig es ist, ein Geburts-
tagsgeschenk mit nun nahezu einjähriger Verspätung zu über-
senden – und es bleibt mir zu meiner Entschuldigung nichts
anderes zu sagen als ganz einfach: Ich bin nicht früher fertigge-
worden. Dafür hoffe ich, daß Ihnen die Sache Spaß macht, die
ja nicht aus antiquarischem Interesse entstanden ist. Im nächsten
TOPOS-Heft, das in Vorbereitung ist, wird der Aufsatz auch
gedruckt sein. Und für den Fall, daß Ihnen Autographen Vergnügen machen, hefte ich dem lesbaren Typoskript das vermutlich unlesbare Manuskript bei – denn dieses ist ja eigentlich der
Ur- und Originalzustand des Ihnen zugedachten Geschenks.

Von mir kann ich nur berichten, daß ich gerade eine doppelte
Kiefer-Operation oben und unten hinter mir habe, die nötig war,
weil Deformationen am Kieferknochen abgeschliffen werden
mußten. Doch hoffe ich, bis zum März wieder normal sprechen
zu können – denn am 18. März soll ich ja in der Leibniz-Sozietät
einen Vortrag über die Rolle der Metaphern für die Bildung dialektischer Theoreme halten.

Noch ein wenig mitgenommen von den chirurgischen Inkom-
moditäten halte ich den Brief kurz.
Mit ganz herzlichen Grüßen, auch von Silvia
                                        Ihr
                                        Hans Heinz Holz

---

*… soll ich ja in der Leibniz-Sozietät einen Vortrag über die Rolle der Metaphern für
die Bildung dialektischer Theoreme halten* – Die Leibniz-Sozietät e. V. ist eine Ver-
einigung vornehmlich ostdeutscher Wissenschaftler, die 1993 in Berlin gegründet
wurde. Sie hat etwa 260 Mitglieder, davon 30 aus dem Ausland. Sie sieht sich in der
Nachfolge der von Leibniz 1700 gegründeten Brandenburgischen Sozietät der Wissenschaften. – Der Vortrag von Hans Heinz Holz erschien in Band 39 der Sitzungs-
berichte der Leibniz-Sozietät im Jahr 2000 (trafo-Verlag Berlin).

Lieber Herr Holz, mein Name steht gern vor einem Werk von Holz, das versteht sich ja. Aber in diesen siebzehn schön erzählten Seiten fühle ich mich wieder einmal voll von Ihnen getroffen; ein Schriftsteller von heute ist verwundert, wenn er sich gelesen findet, und er hat längst aufgehört, damit zu rechnen, er könnte verstanden sein. Daß Sie mich ehren, will ich sagen, freut, womit Sie mich ehren, entzückt mich. Unsere Partei kann einmal nur KPD heißen, und das ist natürlich die Abkürzung für Konservative Partei Deutschlands. (Im Grund predigen Sie über meinen liebsten Hegeltext: »Dieser Satz ist zu neu, um ganz wahr zu sein«).

Ich danke auch sehr für die Handschrift. Sie ist eine stattliche Bereicherung meiner Autographensammlung, die bisher aus einem Schreiben von Thomas Mann und einer Buchwidmung von Brecht bestand, sowie einem Brief, den ich einmal an Arno Schmidt schrieb, und den der leider nicht beantwortet hat.

Das ist zwischen Ihnen und mir immer: Sie benötigen meinen Senf nicht, und Sie kriegen ihn doch.

In ihrem praktischen Zweck gleichen sich Religion und Philosophie; sie sind Erkenntnisweisen; sie folgen mit etwas Nachhinken den Produktionsverhältnissen. So viel ist klar. Aber bei aller formalen Ähnlichkeit bleibt es ein Unterschied im Inhalt, ob man über Gott oder über die Welt urteilt. Ein Unterschied im Inhalt kann nicht umhin, sich am Ende als einer in der Form zu erweisen. Gott ist gewiß und kann nicht irren. Die Welt ist nur wahrscheinlich und irrt meistens. Es ist für das Denken weniger peinlich, Urteile über die Welt zu korrigieren als solche über Gott. (Das Wissen des Marxismus ist zwischen dem religiösen und dem profanen Wissen angesiedelt; »man darf«, sagt Lenin, »jeden einzelnen Satz von Marx bezweifeln, ich bin aber sicher, daß sie alle stimmen«).

Ich bin mit der Zeit etwas verständiger geworden. Ich ahne inzwischen, wie klug die Scholastiker waren. Gott ist in der frühen Philosophie so unverzichtbar wie die Null in der Mathematik oder der Joker beim Rommé. Er vertritt hundert Sachen, die sich anders als in Gestalt dieser heuristischen Figur gar nicht denken ließen, das Ding an sich, das Totale, das durchaus Wahre, alles eben, was den Einzelnen aus den Zufällen und der Beliebigkeit heraushilft. Ohne einen Gott, beispielsweise, war kein Staat zu denken.

Einmal fragte ich den seligen Heise, ob Hegel an Gott geglaubt habe oder nicht; er dachte sehr lange nach und erwiderte anschließend: Das ist sehr schwer zu sagen. Es ist überhaupt nicht schwer zu sagen, es ist bei Hegel evident, daß er Atheist war, so wie es von Kant überliefert ist und bei Spinoza und Leibniz doch wohl anzunehmen. Sie alle haben den Gott des Absolutismus mit großem Ernst in ihr System eingearbeitet, ohne an ihn zu glauben. Er existiert nicht, aber er steht für was, das sie brauchen und genauer noch nicht ausdrücken können.

Wenn ich also ohne weiteres zugestehe, daß der alte Bursche unersetzlich war und seine Arbeit tat, sage ich damit noch nicht, daß ich ihn leiden kann. Eine Religion besteht aus einem religiösen Märchen, einer Sammlung früher Kommentare und einer langen nachfolgenden Geschichte von Dogmen, die dazu dienen, die Anpassung der Lehre an die sich bewegende Wirklichkeit entweder durchzuführen oder zu verhindern. Es ist alles wie in der Wissenschaft auch, nur: Der Gegenstand der Wissenschaft ist unordentlich, der Gegenstand der Religion ist unordentlich und heilig. Wenn die Wissenschaft ihre Aussagen ändert, ändert sie sie. Wenn die Religion ihre Aussagen ändert, mogelt sie.

Eine Rechtsgleichheit von Autorität und Vernunft entspricht meinen Neigungen. Sie lag im Sozialismus vor. Sie lag in allen fideistischen Epochen vor, aber es hatte was Unseriöses, daß sie vorlag. Aber wie halten Sie die Aufforderung Ihres Schluß-Satzes einem Bürger des Imperialismus gegenüber aufrecht, für den die Unvernunft die Autorität darstellt, und von dem Sie mehr als nur einen Paradigmenwechsel verlangen, nämlich den Übertritt in eine andere Tierart?

Was ich sehr lang und sehr ungeschickt sage, ist einfach, daß Sie die Entsprechungen, die zwischen den großen Erkenntnissystemen bestehen, vielleicht verabsolutieren und die Unterschiede vielleicht zu sehr vernachlässigen. Übrigens gefallen mir Ihre Behauptungen so gut, daß ich finde, es hätte mir besser zu Gesicht gestanden, sie aufzustellen, als Ihnen. Die Gleichsetzung der scholastischen Methode mit der modernen Wissenschaft ist recht eigentlich eine »Metapher in ihrer Rolle für die Bildung dialektischer Theoreme« und in einem Thomas-von-Aquin-Drama widerspruchsfreier durchzuführen als in Reflexionen eines Philosophen.

Ich hasse die Idee an Ihre Operationen. Ich hoffe, sie waren ein Einzelunglück und haben in keinem Zusammenhang von Unglücken gestanden. Ich ersuche diesen besagten Gott, der nicht existiert, um Ihre völlige Wiederherstellung.

Eines Tages werde ich Ihnen erzählen, daß ich »Einheit und Widerspruch« ausgelesen habe. Diese angenehme Tätigkeit hat leider zu viel mit Arbeit zu tun, um sich mit meinem gegenwärtigen Zustand ganz glücklich zu vereinbaren. Die drei Bände liegen seit einem Jahr auf einem Tisch, gleich neben meinem Sessel in Berlin, und lächeln mich an. Ich lächle auch immer zurück.

Ich grüße die Professorin Holz und wünsche Ihnen beiden Mut und Freude. Allerherzlichst,

Ihr
Peter Hacks

Gott ist in der frühen Philosophie so unverzichtbar wie die Null in der Mathematik oder der Joker beim Rommé – Hacks trifft hier genau den Gebrauch des Gottesbegriffes bei Spinoza, Leibniz und Hegel.

den seligen Heise – Wolfgang Heise (1925–1987), Professor für Geschichte der Philosophie, seit 1968 für Geschichte der Ästhetik an der Humboldt-Universität Berlin.

Übrigens gefallen mir Ihre Behauptungen so gut, daß ich finde, es hätte mir besser zu Gesicht gestanden, sie aufzustellen, als Ihnen. – In Hacks' 21 Jahre zuvor verfaßten Aufsatz »Arion« findet sich folgende Überlegung: »Das große Denken über die Welt war nicht anders als in Form einer frommen Abbildung in die Welt zu holen. Es sagt ja keiner, daß die Einführung des großen Denkens den Leuten stets förderlich gewesen sei. Die Leitschnur wurde oft zur Fessel, und manche Kleinigkeit hätte sicher bei minder gründlichem Herangehen rascher und leichter sich erledigen lassen. Aber in allen Höhepunkten der Geschichte wird das große Denken plötzlich benötigt. Es führt beispielsweise ein gerader Weg vom östlichen Gottverständnis über die griechische Weltweisheit zur bürgerlichen Umwälzung in Frankreich. Es legen also diejenigen eine bestehende Verknüpfung nur falsch aus, die den Marxismus als einen Glaubensersatz darstellen. Das Bild ist schon nicht verkehrt, man hat es bisher nur immer verkehrt herum gehalten, bevor man es an die Wand hing. Der Marxismus, gewiß kein Ersatz für Religion, hat mit ihr doch das als Gemeinsames an sich, daß er ein vollständiges System ist. Das Hegelsche System war ein vorläufiger Ersatz für das Marxsche und das des heiligen Thomas ein kindlich und notdürftiger Ersatz für das des Hegel: so wie ja auch wieder Marxens Inbegriffnahme der Welt eines nicht nahen Tages selbst ein Vorläufer künftiger Inbegriffnahmen geworden sein wird.« (HW 13, S. 279)

Lieber Herr Holz, meine Widmung habe ich voll Stolz schwarz auf weiß gedruckt empfangen.

Die »Räuberhöhle« steht mit glücklicher Hand errichtet; aus ihr kann nun »Einheit und Widerspruch« frisch herausspazieren.

Ich hätte gern von den Hexen was vernommen und vom Guelfen-Ghibellinen-Konzeptstreit was, aber beide beginnen leider erst, wo Sie enden. Von einem »in die Zukunft gerichteten Heilswort der christlichen Lehre« würde ich, bloß weil wir mit einer Derwischreligion zu tun haben, nicht reden mögen, nicht einmal Hanfried Müller zuliebe, für den ich doch sonst alles täte. Es ist in Ordnung, wenn die soziale Revolution in religiöser Gestalt daherkommt, solange alles philosophische und gesellschaftliche Bestreben nur in frommer Verbrämung seine Erlaubnis hat, aber irgendwann, meine ich, muß auch einmal Schluß sein. – Das ist nur eine bescheidene Detailrüge zu dem schöngestalten kleinen Werk.

Mit größtem Vergnügen habe ich E & W entnommen, daß der Drehpunkt zum modernen Irrationalismus bei Pascal und, an dem hangend, bei Rousseau gesucht werden müsse. Das beweist mir, daß der Anstoß zur Romantik nicht erst die Französische Revolution oder Napoleon waren, sondern der Absolutismus schon war. Ich hatte, wie Sie wissen, die Jansenisten längst im Verdacht. Es steht in Voltaires Theaterstücken, von da her habe ich es.

Ist es nicht angenehm zu denken, daß wir uns im dritten Jahrtausend alle noch wiedersehen? Ich bin bis da hin,
herzlich grüßend

    Ihr
    Peter Hacks

Die ›Räuberhöhle‹ – Hans Heinz Holz: »Die große Räuberhöhle«. Religion und Klassenkämpfe im christlichen Mittelalter. Aisthesis Verlag, Bielefeld 1999.

Hanfried Müller – Hanfried Müller (geb. 1925) ist evangelischer Theologe, geprägt durch Karl Barth und Dietrich Bonhoeffer. Müller gründete die FDJ in Göttingen, lebte seit 1952 in der DDR, lehrte an der Humboldt-Universität Berlin und gab von 1982 bis 2006 die Weißenseer Blätter heraus.

die Jansenisten – Der Jansenismus war eine Reformbewegung in der katholischen Kirche des 17./18. Jahrhunderts, benannt nach dem Bischof von Ypern Cornelius Jansen (1585–1638). Der Jansenismus wurde vom Vatikan als Häresie verurteilt. Der Philosoph und Mathematiker Blaise Pascal (1623–1662) war bekennender Jansenist. Ab 1680 wurden die Jansenisten in Frankreich verfolgt. Ihre Sicht auf die christliche Gnadenlehre ähnelte der protestantischen Auffassung: Der Mensch hat keinen Einfluß auf seine Erlösung.

Lieber Herr Hacks,

Ihre schnelle Reaktion auf die Büchersendung beschämt mich, denn sie kam dem Brief, der den Büchern folgen sollte, zuvor. Haben Sie vielen Dank für die Baby-Herrschaft und für den Bischof von China. Über die Säuglingssatire haben wir herzlich gelacht. Es ist eine gute Tat, in sonst so schwarzen Tagen Vergnügen zu bereiten; das wird Ihnen im Hauptbuch der Geschichte besonders gutgeschrieben werden!

Der Bischof von China berührt mich, bei meinen sinologischen Neigungen, natürlich besonders; zumal ja auch Leibniz ein Techtelmechtel mit der Jesuitenmission hatte. Natürlich ist's ein Stück, das historische Bildung voraussetzt; und wo gibt's die heute noch. Jesuitenkonvente sollten ihre Freude daran haben, die dreifach gebrochene römische Disziplin ist ja nicht aufs 18. Jahrhundert beschränkt.

Das »in die Zukunft gerichtete Heilswort der christlichen Lehre« war kein Zugeständnis an die verdienstvollen Müllers. Im Urchristentum gibt es doch eine sozialkritische und utopische Komponente – und daß die natürlich ideologisch verzerrt ist, hat sie mit allen Ideologien der Klassengesellschaften gemein. Aber an diese Komponente, als Kern aufgefaßt, haben alle sozialrevolutionären Bewegungen der christlichen Zeit – weit über das Mittelalter hinaus – angeknüpft, wenn auch in der ideologischen Vermischung von Jenseitsverheißung und Diesseitserwartung, letztere indessen oft stark akzentuiert (z. B. bei Arnold da Brescia, bei den Waldensern, später wieder bei den Täufern und bei Thomas Münzer.) Auch noch der vormarxsche Sozialismus hat einen religiösen Einschlag. Dagegen steht selbstverständlich die Herrschaftsordnung der Kirche und der in ihrem Dienste zelebrierte Irrationalismus.

Das dritte Jahrtausend läßt ja numerisch noch ein Jahr auf sich warten. Aber wir hoffen aufs Wiedersehen im letzten Jahr des zweiten Jahrtausends.

Mit herzlichen Grüßen und Wünschen, auch von Silvia
Ihr
Hans Heinz Holz

die verdienstvollen Müllers – Rosemarie Müller-Streisand (lehrte ebenfalls an der Humboldt-Universität Theologie) und Hanfried Müller.

Lieber Herr Hacks,

Agitation ist nötig, besonders wenn sie argumentiert und nicht nur beschwatzt. Hier also das Neueste aus der Agitationsschublade.

Wenn ich auch das Telephon als Kommunikationsmittel verabscheue, werde ich einen kurzen Berlin-Besuch doch nutzen, mich bei Ihnen wenigstens via Apparat zu melden.

Bis dahin herzliche Grüße
                    Ihr
                    Hans Heinz Holz

aus der Agitationsschublade – Hans Heinz Holz: Sozialismus statt Barbarei. Ein Beitrag zur Zukunftsdebatte. Neue Impulse Verlag, Essen 1999.

Lieber Herr Holz, Beifall zu »Sozialismus statt Barbarei«, selt-
samer Weise erartet ja die Menschheit, daß man ihr die Sachen,
die sie weiß, immer mal wieder in neuer Façon vorlegt. Zwei
Anmerkungen eines Sprachrichters. Das mystische Marxwort
von der »Assoziation« wird minder neblig, wenn man das deutsche Wort hinzusetzt, das Marx damals einfach meinte: »Genos-
senschaft«. Die deutschen Synonyme ferner für »Partizipation«
lauten »Teilnehmung«, »Anteil«. Das Wort »Teilhabe« entstammt dem Wortschatz des Kanzlers Schröder und wahrscheinlich noch schrecklicherer (katholischer) Sozialschleimer; gute
Lexika enthalten es nicht; ich würde zögern, es zu verwenden.

Finden Sie das Wetter auch so schauderhaft? Alles Herzliche für
Frau Holz und Sie,

>   Ihr stets ergebener
>   Peter Hacks

Das Wort »Teilhabe« entstammt dem Wortschatz des Kanzlers Schröder – Hans Heinz
Holz merkt dazu an: Das Wort entstammt nicht dem Wortschatz des Bundeskanz-
lers, sondern ist aus der antiken griechischen Philosophie überliefert, etwa bei Platon:
methexis. Das »haben« in Teilhabe bezeichnet ein Verhalten und entspricht dem griechischen hexis, lateinisch habitus, im Deutschen noch erhalten in einem Wort wie
Gehabe. Teilnahme ist ein äußerlicher Vorgang (ich nehme an einer Veranstaltung teil,
ich nehme am Leid eines Trauernden teil). Teilhabe dagegen bezeichnet ein unmittel-
bares Involviert-Sein (»inhärentes Haben«).

Lieber Herr Holz, es betrifft diese Änderung auf Seite 6. Da Gerns und Steiniger sich aus parteitechnischen Gründen für mein Argument nicht eignen, würde ich diese beiden exemplarischen Personen gern durch die eingefügten ersetzen, und ich wäre Ihnen sehr dankbar, wenn Sie mir die Erwähnung Ihres Namens in diesem Zusammenhang genehmigten. Ich will keinen Brief von Ihnen, aber bitte Sie um Ihr Ja oder Nein, sei es auf der beigelegten Postkarte, sei es durch einen Anruf der lieben Frau Holz zwischen 1030 und 1200 Uhr Vormittag und unter der gewohnten Sommernummer.

Alles Herzliche, Ihr
        Peter Hacks

P. S. Die kleine Glosse ist wohl kaum ein ausgeprägter Beitrag zu »Topos«; ich habe die Absicht, sie Frank Flegel vorzuschlagen.

[Beigelegt ist dem Brief eine an Hacks adressierte Postkarte – Motiv: Hacks-Goethe-Collage – mit dem Text:]

— Tun Sie's

— Lassen Sie's

kleine Glosse – Es handelt sich um Hacks' Text über »Das natürliche System der Linken« (s. S. 116 in diesem Band).
Frank Flegel – Frank Flegel ist Redakteur der in Hannover erscheinenden Zeitschrift »offensiv«.

Lieber Herr Hacks,

Ihr kleines Bestiarium der deutschen Linken hat mich sehr amüsiert, aber es fordert doch die Erklärung heraus, warum ich in der Partei bin, in die ich nicht zu gehören scheine. Vielleicht ist es auch nicht ganz gerecht, die DKP mit dem einen Flügel gleichzusetzen – Leute wie Klaus Steiniger und Patrick Köbele und Manfred Sohn und ich repräsentieren doch auch (und vielleicht maßgeblich) den Geist der Partei.

Ob Offensiv meine Annotation zu Ihrer Glosse bringt, weiß ich nicht. Doch ich wollte sie Ihnen auf jeden Fall zur Kenntnis bringen.

Ich tingele zur Zeit wieder auf mancherlei Parteiveranstaltungen. Berlin ist erst im Frühjahr auf dem Programm.

Seien Sie herzlichst gegrüßt
von Ihrem
Hans Heinz Holz

---

meine Annotation – Hans Heinz Holz hat unter dem Titel »Der Name der Rose ...« in »offensiv« (s. S. 154 in diesem Band) eine eigene Glosse zu »Die Namen der Linken« von Hacks veröffentlicht.

Lieber Herr Holz, nun habe ich Ihnen doch zu einem Ärger verholfen. Umso mehr danke ich Ihnen, daß Sie mir ermöglicht haben, das niedliche Kind zur Welt zu bringen; ich hätte es allzu ungern müssen abtreiben.

Eben habe ich voller Aufmerksamkeit den Essener DKP-Parteitag von 1969 durchgelesen.

Ich wünsche Ihrer verehrten Frau und Ihnen ein angenehmes Ausklingen des Jahres und bleibe bis zu unserer nächsten Begegnung

Ihr ergebener
    Peter Hacks

---

den Essener DKP-Parteitag von 1969 durchgelesen – Siehe dazu auch: Peter Hacks, Am Ende verstehen sie es. Politische Schriften, Berlin 2005, S. 228.)

Lieber Herr Holz, nachdem Sie fortgingen, ereigneten sich zwei Ereignisse.

1. Die Bücher, die sich nicht finden lassen wollten, kamen ohne weiteres aus ihrem Versteck hervor. Ich lege Ihnen ein paar Seiten bei. Ich habe das Gefühl, eine Aussage des Herrn Mensing nicht völlig falsch interpretiert zu haben.

2. Im Fernsehen kamen Sie anschließend wieder, und zwar bei Herrn Thomas Grimm und als »Zeitzeuge«, in einem Zusammenhang also, in dem ich bisher Schändliches, bestenfalls Skurriles zu sehen gewohnt war. Um es kurz zu machen, ich fand Sie fabelhaft. Ich hatte ja bisher noch keine Probe Ihrer akademischen Vortragskunst, und ich übertreibe nicht, wenn ich erkläre, daß ich freudig überwältigt war: das Gesamt der Philosophie aus dem Stegreif vorgetragen, rund und groß wie die Welt, und jeder Gedanke für mich und alle anderen Kutscher verständlich. Hegel war kein Hörsaallöwe. Es kann gewiß kein Fehler sein, Hegel in dem Punkt mit Glanz und Glorie zu übertreffen.

Das war ein schöner Tag. Ich grüße die Frau Holz und bleibe Ihr

Peter Hacks

---

bei Herrn Thomas Grimm und als »Zeitzeuge« – Thomas Grimm (geb. 1954), Fernsehpublizist in Berlin. Interviewte nach 1990 vor allem ostdeutsche Künstler, Wissenschaftler und Politiker ausführlich zu ihrer Biographie. Sein »Zeitzeugen-Archiv« wurde 2004 von der DEFA-Stiftung übernommen. Vgl. auch: Thomas Grimm: Linke Vaterlandsgesellen. Sozialisten, Anarchisten, Kommunisten, Raufbolde und andere Unangepaßte, Berlin: Parthas Verlag 2003, S. 168-193 (»Hans Heinz Holz – Auf dem ausgesprochenen linken Flügel«).

Lieber Herr Hacks,

haben Sie Dank für Ihren schmeichelhaften Brief zu meinem TV-Monolog und vor allem auch für das innige Vergnügen, das mir Ihre Invektiven gegen die Romantik bereitet haben.

Morgen fahre ich ab nach Spanien zu den Vorlesungen in Girona. Verzeihen Sie darum bitte die lakonische Kürze.

In herzlicher Verbundenheit grüßt Sie, auch von Silvia
                                                    Ihr
                                                    Hans Heinz Holz

Ihre Invektiven gegen die Romantik – Peter Hacks: Zur Romantik. Konkret Verlag, Hamburg 2001; Hacks Werke, Band 15.
Girona – Holz nahm eine Gastprofessur an der Universität der katalanischen Stadt wahr (span.: Gerona; im äußersten Nordosten des Landes gelegen).

Lieber Herr Holz, die meisten und wichtigsten Künste sind der Nachahmung fähig: alle Genres der Literatur, alle bildenden Künste, die zwei- und die dreidimensionalen, alle Bühnenkünste, eingeschlossen sogar der Film.

Der Nachahmung unfähig ist die Musik, die das an sich hat, auf Konsumenten auch in ihrer Ungegenständlichkeit stark und befriedigend einzuwirken, und die Architektur, welche Realität zwar nicht abbildet, aber die nützliche enthält, und welche ihre Fähigkeit zu Schönheit sofort verliert, wenn sie von dem Nutzen der Realität, die sie enthält, absieht. Es gibt keine abstrakte Architektur.

Aus dieser Auflistung folgt das Gesetz: Eine Kunst, die der Nachahmung fähig ist und nichts nachahmt, ist meschugge.

Der Wert der Nachahmung für die Künste ist nicht in erster Linie der Erkenntniswert, den die Künste durch sei erlangen. Er liegt darin, daß der Gegenstand die begrenzte und bei allen Kunstsorten ja ziemlich gleichartige Menge an Anlässen für Form, die ihr eigenes Material den Künsten bietet, ins unendlich Reiche erhöht. Die Form ist bei den nachahmenden Künsten Form des Gegenstands, also der Welt, nicht mehr bloß des Materials.

Folglich ist ungegenständliche Malerei meschugge und Ihr letztes Buch von denen abstrakten Malern überflüssig.

Ich bin für das Buch zu lange in Ihrer Schuld. Ich entschuldige mich mit diesem Brief, den zu verfassen ich keine geringe Weile benötigt habe. Ich begebe mich an diesem Wochenende nach Berlin zurück, nicht ohne eine leidliche Beute des Sommers. Ich hoffe die Frau Holz und Sie in den glücklichsten Umständen und bleibe in Verehrung

Ihr Peter Hacks

das Buch – Hans Heinz Holz: Seins-Formen. Über strengen Konstruktivismus. Aisthesis Verlag, Bielefeld 2001.

Lieber Herr Hacks,

ich weiß es zu schätzen, in die deutsche Literaturgeschichte als Anlaß eines lapidaren ästhetischen Dekrets einzugehen, das im Briefnachlaß eines bedeutenden deutschen Dichters enthalten ist. Und da ich in Frankfurt im Schatten des Ghettos aufgewachsen bin, weiß ich auch den wohlwollend-nachsichtigen Ton mitzuhören, der dem Wort »meschugge« beiklingt. Im übrigen bin ich auch lieber meschugge wie der Buch-Mendel als platt wie ein Butt!

Ungeachtet dieses mehrfachen Amusements über Ihr Verdikt komme ich nicht umhin, Ihnen zu widersprechen. Daß alle Kunst letztlich auf Mimesis beruht, habe ich in Band I der Theorie der bildenden Künste – in Übereinstimmung mit Ihnen – dezidiert gesagt. Jedoch besteht Wirklichkeit, zu der sich die Kunst mimetisch verhält, nicht ausschließlich aus dinglich-gestalthaft wiedererkennbaren Entitäten, sondern eben auch aus abstrakten Verhältnissen (und Marx weiß recht gut, warum er nicht von Materie, sondern von materiellen Verhältnissen spricht). Das Verfahren einer Serienproduktion, die Struktur eines multinationalen Konzerns, die Gründung einer Bank statt des Einbruchs in eine Bank sind nicht einfach sinnlich abbildbare Realitäten, aber doch Realitäten. Und es ist nicht meschugge, den Grundriß eines Hauses zu zeichnen, wenn man ein Haus bauen will. Kurz: Es gibt auch eine Mimesis des Abstrakten, und im Bereich der konstruktivistischen Kunst zwischen »realistischen« (d.h. mimetisch begründeten) Werken und bloßen Formspielereien zu unterscheiden, scheint mir kein sinnloses Unterfangen. Ich meine also, Sie fassen Nachahmung qua dinglich-gestalthafter Abbildlichkeit zu eng.

Wie schön, über Differenzen Argumente austauschen zu können!

Ansonsten war das zweite Halbjahr 2002 von allerlei Mißlichkeiten erfüllt. Zwei Augenoperationen (mit einer noch im März fälligen Nachoperation) haben mich ungemein inkommodiert, insofern Lesen und Schreiben äußert anstrengend und mühselig geworden waren; was dann hoffentlich endgültig besser werden soll. Dazu kam noch eine Schleimbeuteloperation im Ellbogen – und drei Spitalaufenthalte in einem Jahr sind für mein Temperament zu viel!

Immerhin ist's gelungen, die Parteibasis insoweit gegen die Dummheit der Parteiführung zu wecken, daß beim Parteitag im Dezember nicht nur der unsägliche Grundlagen-Programmentwurf des PV zurückgezogen werden mußte, sondern gleich auch noch die oberflächliche Handlungsorientierung mehrheitlich abgelehnt wurde. Und auch der Statutenänderungsantrag, künftig die Parteitagsdelegierten nicht mehr von der Basis, sondern von den Bezirken wählen zu lassen, wurde abgeschmettert. Es ist wohl das erstemal in der neueren Geschichte der Kommunisten, daß gleich drei Hauptanträge des PV vom Parteitag mißbilligt wurden. Dazu ein gerüttelt Teil beigetragen zu haben, tröstet mich etwas über die Beschwerden des Jahres hinweg.

Hoffen wir also, daß es ein besseres 2003 wird. Dieses wünschen Silvia und ich Ihnen – besonders mit Blick auf die bevorstehende Klimax des IV. (Lebens-)Aktes und die angekündigte Gesamtausgabe – ganz herzlich und in Erwartung weiterer vergnüglicher Zornesausbrüche

Ihr

Hans Heinz Holz

Buch-Mendel – Figur in der gleichnamigen Novelle von Stefan Zweig.

Lieber Herr Holz, ich habe mich gefreut über die zwei wohlgesetzten Reden und deren erfreuliche Anlässe, und was Sie über
den Nutzen des Denkens zu sagen wissen, ähnelt dem, was ich
über den Nutzen der Künste zu behaupten pflege. Das eine wie
die anderen sind, als Teile des Überbaus, von vollkommener
Wirkungslosigkeit, und dennoch macht es erstaunlicherweise
einen Unterschied, ob es einer Gesellschaft beliebt hat, sich in
einer Spielform einer Ideologie einzugewöhnen oder aber einer
anderen.

Wir, Sie und ich, tun unser Leben lang einerseits gar nichts, andererseits wieder gar nicht so wenig.

Alle Menschen, die mir nahestehen, sind in diesem gewesenen
Jahr 02 in Kliniken gedemütigt worden, ich ja auch, und ich
finde es so ungehörig wie Sie. Die Idee, daß man mit zunehmendem Alter auf höhere Achtung, bessere Behandlung oder eine
ein bißchen bessere Bedienung einen Anspruch habe, kann man
sich nicht gründlich genug aus dem Kopf schlagen. Anschau-
ungsmaterial sind Goethes hohe Jahre seit dem Tod der Vul-
pius. Das Leben bleibt aus derselben Mischung aus Widerwär-
tigkeiten und Gewinn bestehen wie schon immer, nur, daß
die Kämpfe mehr Mühe machen und die Gewinne schmäler
werden.

Auch Ihr bewundernswerter Kampf für die DKP wird nicht zu
einem Sieg führen, aber auf dem Billard eine Rolle spielen, auf
welchem das Schicksal alle guten Taten über eine Unzahl von
Banden ihrem unerwarteten Platz und kleinen Treffer zuführt.
Sie sind nicht nur ein Denker und ein Rhetor, Sie sind auch zu
einem gewaltigen Parteipropagandisten berufen und also in eine
Reihe mit Paulus oder Hitler. Ich bewundere diese Gabe besonders, weil ich ihrer vollständiger als jeder anderen ermangele.

Die Verworfenheit der Ereignisse, welche sich um den irakischen Krieg ranken (und die wir in einsichtsvolleren Zeiten einfach als die »Allgemeine Krise des Imperialismus« zu bezeichnen pflegten) hätte mich bis zum Verdruß verwirrt, wenn nicht Herr Harpal Brar das Wesen der Sache, lange bevor sie geruhte zu erscheinen, in offensiv 1-03 jedermann angezeigt hätte. Das hat mir wohlgetan, autoritätssüchtig, wie ich bin. Die Mimesis des Abstrakten für all das ist natürlich das schwarze Quadrat dieses, wie nannte er sich denn, hieß er nicht Malenkow? Ich konzediere Ihnen, daß das Gemälde dem Weltverlauf deckungsgleich ähnelt, freilich funktioniert es wohl nicht besonders als Wandschmuck.

Meine Winter sind selten Höhepunkte meiner Vitalität, dieser jetztseiende ist sicherlich ein ausnehmend mieser, und der März, so entnehme ich meinem lyrischen Werk, ist ein Wintermonat. Ich wünsche Ihnen, daß Ihre Augen richtig begonnen worden und jetzt richtig beendet werden; denn es hat einmal jeder seine Augen gern und versucht, sie zu hüten, eben wie seine Augäpfel. Der Verlust des Augenlichtes ist ja von Vorteil eigentlich nur für das Fernsehen.

Das müssen Sie besser wissen als ich: Wenn man seine Gesammelten Werke vom Hals hat, muß man dann immer noch was schreiben? – Mir ist aufgefallen, daß, so wie Lenin Marx und Stalin Lenin bereichert haben, Ulbricht eine Bereicherung Stalins darstellt, und daß sein Hauptverdienst und Gipfel in eine Theorie des Sozialismus mündet, welche bis heute völlig unerwähnt herumliegt. Natürlich wäre das ein netter Stoff für den ersten Supplementband.

Ich wünsche Ihnen von den Zeiten, daß Sie über sie hinwegkommen, und ich grüße Ihre Frau Holz, und ich bin Ihrer beider

getreuer

Peter Hacks

die zwei wohlgesetzten Reden und deren erfreuliche Anlässe – Es handelt sich um den Privatdruck der beiden Reden »Philosophie und Politik« sowie »Die Verantwortung der Philosophie« aus Anlaß des 75. Geburtstages von Hans Heinz Holz in der Marx-Engels-Stiftung Wuppertal und der Verleihung des Ehrendoktors der Universität Urbino.

Harpal Brar – Harpal Brar (geb. 1939), indischstämmiger Theoretiker der kommunistischen Bewegung; lebt in Großbritannien.

Lieber Herr Hacks,

als ich vor einem Jahr angefragt wurde, ob ich zu einer Festschrift aus Anlaß Ihres 75. Geburtstages einen Beitrag liefern
wolle, geriet ich in Verlegenheit. Der angenehmen Aufgabe, eine
Eloge auf den Dichter Peter Hacks zu schreiben, hatte ich mich
ja schon fünf Jahre zuvor unterzogen – und eine Festschrift wäre
ja auch nicht der passende Ort dafür. Die Anmaßung germani-
stischer Hermeneuten, den Autor besser zu verstehen als er sich
selbst, habe ich immer verabscheut – und einem poeta eruditus
wie Ihnen gegenüber wäre die Attitude des Interpreten ja auch
einfach lächerlich. Aber ein Lob des Dichters (als eines »Real-
allgemeinen«) sollte es doch schon sein – wie auch immer ver-
packt. Da kam mir der Gedanke zu zeigen, daß der Dichter, zum
mindesten wenn er ein Dialektiker ist, einen Text genauer liest
und richtiger versteht als ein Gelehrter mit aller philologischen
Akribie. Und damit auch ein wenig respektvolle Mockerie dabei
im Spiel sei, wählte ich für diesen Zweck Brechts Legende von
der Entstehung des Buches Tao te king – eingedenk eines Ihrer
Briefe, in dem Sie sich über Chinesisches amüsiert mokiert hatten. Das Resultat liegt Ihnen nun als ein mit herzlichsten
Gefühlen und Wünschen gebundener Blumenstrauß auf dem
Geburtstagstisch – so hoffe ich wenigstens, es sei denn, der Verlag hätte seine Selbstverpflichtung nicht erfüllt.

Daß Brecht den entscheidenden Gedanken des Lao tse erfaßt
und sententiös formuliert hat, obwohl er ihn bei den Überset-
zern nicht finden konnte, ist doch für die (dialektischen) Dichter ein beflügelnder Gedanke und mag eine Huldigung an den
ganzen Stand rechtfertigen. Es ließen sich wohl auch artige
Erwägungen über die Wahrheitsfähigkeit des Denkens daran
knüpfen, die nicht ganz so pessimistisch auszufallen brauchen,
wie es in Ihrem letzten Brief über die Wirkungslosigkeit des
Überbaus klang. Wenn auch die gerade ablaufenden weltpoliti-
schen Ereignisse angetan sind, in Verzweiflung und Wut zu

erstarren. Dann schon besser Wut, denn aus ihr wächst wieder Kraft.

Unsere Generation hat gelernt, den Drohungen des Teufels entgegenzusehen – und vielleicht war unser Tintenfaß, das wir gegen ihn schleuderten, das beste, was wir geben konnten. Sie konnten der Tinte die gelungenen Konfigurationen geben, die dem Leser (und Zuschauer) die herben Selbsterkenntnisse des Rorschach-Tests hedonistisch entwirrten. Der Ankündigung Ihrer Gesammelten Werke glaubte ich betrübt entnehmen zu müssen, daß Sie diese als abgeschlossen betrachten. Umso mehr erfreute mich die Bemerkung in Ihrem letzten Brief, die auf zu erwartende Supplement-Bände hindeutete. Diese Andeutung nehme ich als gutes Zeichen: Wir haben noch zu tun, und wenn's nur wäre, weil wir die Lust und Kraft dazu fühlen.

Silvia und ich gedenken Ihrer mit allen guten Wünschen und werden aus der Ferne ein Glas Champagner auf Sie erheben.

Herzlich Ihr
           Hans Heinz Holz

Festschrift aus Anlaß Ihres 75. Geburtstages – André Thiele (Hg.): In den Trümmern ohne Gnade. Festschrift für Peter Hacks. Eulenspiegel Verlag, Berlin 2003.

Lieber Herr Holz, Sie haben eine bewundernswerte Gabe, sich bei Dingen, bei denen kein Mensch überhaupt etwas denkt, ganz viel zu denken. Einen Spiegel zum Beispiel hätte ich bisher für eines der Verdopplungs- bzw. Vervielfältigungsmedien (von der Maske bis zum UMTS) gehalten, welches sich, wie alle anderen, durch kleine Eigenheiten von allen anderen unterscheidet. Ich benutze ihn, wenn er nicht eben ein venezianischer ist, als ein Badezimmergerät, in welches ich gelegentlich hineinblicke. Täte ich es öfter, wäre ich vermutlich besser gekämmt. Ich danke Ihnen sehr herzlich für Ihre Definition, welche mich verpflichtet, nun klüger zu sein. Ich tue bestimmt, was ich kann.

Eines hat mich immer geekelt: die Verwendung des Spiegels als Metapher, und von denen zumal die Shakespearesche aus Hamlet II-2, worin der Prinz die Schauspieler überredet, ihrem Zeitalter den Spiegel vorzuhalten. Ich ging gleich nachsehen und fand den genauen Text, der anders lautete, als ich ihn erinnerte, – »laßt sie gut behandeln«, bittet Hamlet Polonius, »denn sie sind der Spiegel und die abgekürzte Chronik des Zeitalters«. Weil ich gerade dabei war, sah ich auch im Original nach und stand nun total dumm da. »Let them be well used«, sagt Hamlet in allen Ausgaben; »for they are the abstract, and brief chronicles, of the time«. Kein Wort von einem Spiegel.

»Abstract« würde ich hier wie »Abriß« lesen und die Stelle lauten: »Laßt sie gut behandeln, denn sie sind der Abriß und kurze Chronik der Zeit«. Das ist ein sehr eleganter Satz. Das einfältige Bild vom Spiegel hat Wilhelm Schlegel erfunden, weil ihn Shakespeares Begriff, der aufs Wesen hinausläuft, zu trocken: nicht romantisch und nicht naturalistisch genug anmutete; so wurde die Schlegelsche Verballhornung zu einem der berühmtesten Shakespearezitate in Deutschland. Und die volle Wahrheit ist, daß der Satz vor Schlegel von der Aufklärung immerhin so übersetzt worden war: »Laßt ihnen nichts abgehen; denn sie sind der Inbegriff und kurze Chronicken der Zeit« (Johann Joachim Eschenburg, »Wilhelm Shakespears Schauspiele«, 8. Band, 1778). »Laßt ihnen nichts abgehen«, das nenne ich Übersetzungskunst.

Für die freundliche Zueignung der Auslegung der Tatsache, daß Flüsse, wo sie lange genug rinnen, Schluchten graben, dankt Ihnen Ihr aufmerksamster Leser

Peter Hacks

P. S. Brechts Metapher vom über das Harte obsiegenden Weichen ist so kitschig, daß sie inzwischen bereits zu einer Wahlhymne der Sozialdemokratischen Partei herhält.

Auskunft von Hans Heinz Holz: Dieser Brief von Hacks ist falsch datiert (er trägt das Datum 31. 3. 2001 – d. Hrsg.) und stammt aus dem Jahr 2003. Die Spiegel-Exegese bezieht sich auf meinen Essai über Widerspiegelung, der unter diesem Titel im Transcript Verlag Bielefeld erschien und der mehrere Vorläufer hatte z.B. im Wörterbuch der Ästhetik bei Metzler und in der Enzyklopädie von Sandkühler. Die entsprechenden Buchtitel lauten: Hans Heinz Holz, Widerspiegelung. Aus der Reihe: Bibliothek dialektischer Grundbegriffe, Bielefeld 2003; Ästhetische Grundbegriffe: Postmoderne bis Synästhesie, hrsg. v. Barck, Karlheinz/Fontius, Martin/Schlenstedt, Dieter/Steinwachs, Burkhart/Wolfzettel, Friedrich. Stuttgart 2003; Enzyklopädie Philosophie, hrsg. v. Sandkühler, Hans J./Pätzold, Detlev/Regenbogen, Armin/Stekeler-Weithofer, Pirmin. Hamburg 1999.

freundliche Zueignung und *Brechts Metapher* – bezieht sich auf den Beitrag von Hans Heinz Holz in der Festschrift für Hacks; vgl. den vorigen Brief und im Vorwort von Holz in diesem Buch S. 15–18.

TEXTE

MEHRERLEI LANGWEILE

Zu Jan Philipp Reemtsma
»Das Buch vom Ich – Christoph Martin Wielands ›Aristipp
und einige seiner Zeitgenossen‹«,
Haffmans 1993.

Seinerzeit lebte in Griechenland ein langweiliger Philosoph, Aristipp. Diesen Aristipp machte der Dichter Wieland zum Helden eines langweiligen Romans; über den Roman hat jetzt der Philolog Jan Philipp Reemtsma eine langweilige Monographie geschrieben. Das ist die Lage, mit der ich befaßt bin. Ich kann mir unterhaltsamere Lagen vorstellen.

Besagter Aristipp war ein Hedoniker, ein »Genüßler« oder »Genußdenker«. Er ging davon aus, daß, wenn schon sonst nichts, jedenfalls die körperliche Lust ein Gut ist, unstrittig und mit höchster Gewißheit. Das Dumme an dem Ansatz ist, daß das nicht stimmt. Körperliche Lust hat viel Angenehmes – aber keinesfalls immer, nur unter Bedingungen. Wer hat nicht schon den Besitz eines schönhäutigen Geschlechtspartners mit Verdruß durchlitten, oder wem ist nicht schon die bestzubereitete Speise vorm Magen stehen geblieben, wenn ein allgemeineres, durchaus unkörperliches Mißvergnügen dem Vergnügen entgegenwirkte? Ich sage es ganz einfach. Eine Henkersmahlzeit kann das höchste Gut nicht sein.

Zugunsten des Aristipp läßt sich sagen, daß er die Lust für eine seiende Sache nimmt, für mehr als das bloße Schwinden oder Fehlen von Unlust. Aber offenkundig gehört er als Genußdenker neben die Bedürfnislosigkeitsprediger und die spätere Schule der Zweifelköpfe: zu den Rette-sich-wer-kann-Ratgebern, die in Verfallszeiten, in denen groß nicht mehr zu denken geht, noch ihre Rezepte, wie allenfalls sich durch die Welt helfen, anboten. Was ihr Wissen anlangt, ermüden sie ein wenig, aber am Ende hat auch keiner etwas gegen sie. Wenn sie nichtig sind, so sind sie doch auf eine erfrischende Weise nichtig. Natürlich sind uns die Überlebensphilosophen lieber als die Pfaffen, welche sonst aus dem Verfall ihren Zulauf haben.

Ich bin nicht breit, weil Wielands Aristipp mit dem echten oder für echt überlieferten Aristipp kaum mehr gemein hat als die Anekdote mit dem Rebhuhn zu fünfzig Drachmen. Er ist ein bißchen neugierig, ein bißchen gleichgültig, ein bißchen witzig, ein bißchen verliebt. Er verhält sich der Welt gegenüber vorsichtig und leidet ungern. Für die Lust interessiert er sich überhaupt nicht. Mehr als dem Aristipp ähnelt er dem Epikur und am genauesten dem Wieland.

Von dem Wielandschen Aristipp, dieser kurzweiligen und kurzatmigen Kunstfigur, erwartet Jan Philipp Reemtsma gewaltige Dinge und will sie an ihm finden und billigt sie ihm zu.

Wieland ist der erste Dramatiker, von dem ich in meinem Leben ein Stück bearbeitet habe. Es war die »Pandora« und trug bei mir den Untertitel »Von Arkadien nach Utopia«, ich war damals zwanzig. Das hätte ich mir nicht träumen lassen, daß ich meinen Wieland einmal gegen übermäßiges Lob würde in Schutz nehmen müssen. Der Aristipp-Roman ist rundum erfreulich. Aber so gut, wie Reemtsma sagt, ist er nicht.

Ich möchte Ihnen die Fabel erzählen und überlege mir zu dem Zweck, was von dem Buch, falls einer vorhätte, es auf die Bühne zu bringen, auf die Bühne zu bringen ginge. Ich beginne damit, daß ich mir von dem Maler Hackert drei Prospekte malen lasse, einen von Weimar, einen von Oßmannstedt, einen von Paris. – Weiter komme ich nicht. Handelnde Personen treten in dem Buch nicht auf.

Das ist wenig für immerhin elfhundert Seiten. (Ich zähle nach meiner Ausgabe. Reemtsma ist reicher als ich; er hat die Werkausgabe von 1794, ich bloß die von 1839).

Reemtsma ist entfernt davon, mir zu widersprechen. »Der Roman hat keine ›Story‹«, bekennt er, und der Held, bekennt er, hat »einen langweiligen Charakter«. Dann sagt er noch, daß der Held, aus Gattungsgründen, keinen »Charakter« brauche.

Was tut Aristipp das lange Buch über? Er verbringt seine Jugend auf einer Spazier- und Bildungsreise; hiernach läßt er sich in seinem Vaterland nieder und gründet einen Hausstand und ein Kulturhaus. Im Alter wird er sich in den Dienst eines Tyrannen begeben, was Wieland aber ungeschrieben läßt. Wir werden drauf zurückzukommen haben.

Drei Bestandteile im »Aristipp« ergötzen und verursachen Lesefreude. Auf sie alle habe ich einzugehen vor. Es sind: Eine Nacherzählung, Parodie und Beschimpfung von Platons »Staat«, etliches Hörensagen aus der Welthauptstadt Syrakus, welche Paris meint, und die Marotten der Hetäre Lais, von der sich Aristipp an der Nase herumführen läßt, dergestalt, daß er sich zu einer noch längeren Verlobungszeit mit ihr versteht als das alte Brautpaar im »Leberecht Hühnchen«, bis er sich endlich besinnt und dann was Unbescholtenes heiratet.

Anders als der Held nämlich ist die Heldin ein Charakter, oder wenn sie kein Charakter ist, so hat sie doch eine Neurose. Reemtsma irrt, wenn er Lais »als Figur dem Aristipp ebenbürtig« und in dem Roman die »Gleichberechtigung der Geschlechter« verwirklicht findet; er ist eben auch nur ein Mann. Lais allein ist es, die die Hosen anhat. Ich zögere nur deshalb, den Roman einen Lais-Roman zu nennen, weil sie sich mitten im Buch, keiner weiß wie, aus der Handlung schleicht. Eben war sie noch da, plötzlich ist sie weg.

Lais ist eine Kokotte aus Kälte. Auch sie durchreist die griechische Welt, wobei sie ihren Bordellhaushalt immer mit sich führt. Als Männerhasserin lebt sie von Männern. Sie stirbt daran, daß sie vierzig wird; denn mit diesem Alter hört Frigidität auf, eine Frau automatisch unwiderstehlich zu machen.

Die Frage, ob Lais außer in der Mitteilung des Diogenes Laertius, Aristipp »pflegte auch Umgang mit der Buhlerin Lais«, auch in Wielands Leben einen Vorausgang habe, wird von Reemtsma als »literarischer Positivismus« abgetan. Anschließend wird sie mit einem Exkurs über Wielands sämtliche Weiberbekanntschaften behandelt und – nicht beantwortet; ich spreche davon, weil es Reemtsmas Weise bezeichnet, gleichzeitig viel und nichts zu sagen. Dabei ist es eine vernünftige und keine schwere Frage.

Wieland hatte zwei hauptsächliche Beziehungen: eine lebens-

lange Obsession zu der geistreichen, souveränen und nicht unfri-
volen Gesellschaftsdame Sophie La Roche, der berühmten
Schriftstellerin, und einen bürgerlichen Entschluß bei reiferen
Jahren zu der hausbackenen Anna Dorothea Hillenbrand, die er
ehelichte, der er Kinder machte und mit der er zufrieden war. Sein
alter ego Aristipp hat dieselben zwei Beziehungen unter den
Namen Lais und Kleone. Keiner bestreitet, daß die Kleone die
Hillenbrand meint; so wird schon die Lais von der La Roche sich
herleiten. Wie identisch muß denn ein künstlerisches Abbild mit
seinem Urbild noch sein, damit ein Literaturwissenschaftler sich
bequemt zuzugeben, daß es von ihm stamme?

Die Frau La Roche arbeitete, Lais arbeitet nicht. Sie rupft
Männer und erzieht junge Huren. Sie beweist die Unvermeid-
lichkeit einer solchen Lebensführung mit einem soziologischen
Kalkül. Der Zwang der Männerwelt, sagt sie, erlaubt einer Frau
keine Wahl außer der zwischen Ehesklaverei und Prostitution.
Reemtsma findet diese Art, das Frauenrecht zu vertreten,
»emanzipiert«. Mich meines Orts erinnert sie ganz merkwürdig
an Meinungen von Wielands Hauptfeind Friedrich Schlegel.

Reemtsma nennt Lais die »Repräsentantin der Unabhängig-
keit«. Goethe nennt Lais einen »problematischen Charakter«.
Arno Schmidt nennt sie »ne Edelnutte«. – Drei Anmerkungen
noch.

Erstens. Indem Lais ein Individualtyp Wielands ist, ist sie –
die fast gesellschaftsfähige Kurtisane – gleichermaßen ein Zeit-
typ des Direktoriums und des Konsulats, in welchen Systemen
Frauen auf unangefochtenere Weise lasterhaft waren als in der
Regentschaft und im Rokoko. Emma Hamilton verglich sich
gerne mit Lais, und wir liegen nicht falsch, wenn wir Lais mit
Emma Hamilton vergleichen. Man mußte jetzt keine Herzogin
mehr sein, um sich ungestraft wie eine Hure benehmen zu dürfen. Man durfte jetzt eine Hure sein und sich ungestraft wie eine
Herzogin benehmen.

Zweitens. Wahrscheinlich ist die Arbeitsscheu der Lais gar
nicht hauptsächlich als Beitrag zur Frauenfrage gemeint. Wielands Aristipp ist Wieland, aber der Unterschied ist auch hier:

Wieland war ein Schwerarbeiter, Aristipp lebt immer nur vom Erben. »Aristipps Hedonik«, läßt Wieland eine seiner Sprachröhren, den Diogenes, sagen, »sollte die Lebensweisheit aller Begüterten sein«; wer mittellos sei, möge bei den Hundsphilosophen unterkommen. Ans Arbeiten jedenfalls ist für keinen gedacht, nicht für den Reichen und für den Armen nicht, und was Hegel an »Aristipps Schmarotzerphilosophie« stört, scheint Wieland nicht zu stören. Im Grunde redet er von der Klemme des bürgerlichen Autors, der von entfremdeter Arbeit nicht leben mag und von unentfremdeter nicht leben kann. So idyllisiert er für die gehobenen Stände das Liebhaberwesen, für die unvermögenden Schichten die Gammelei und für die Weiber eben den Strich. Aber die gemeinschaftliche arkadische Faulenzerei des sauberen Pärchens kommt mir – bei allem Verständnis – doch auch wieder ein bißchen kavaliersmäßig vor.

Drittens. Lais ist impotent und eine Maulhetäre. Aber nicht nur sie, auch Aristipps Gattin und der glückliche Aristipp selbst treiben die geschlechtliche Zurückhaltung bis zu einem Grade, der noch Gellerts »Schwedische Gräfin« mit Neid erfüllen kann. Es ist aber nicht, wie bei Gellert, tugendhaft gemeint, sondern tändelnd. Diese Liebesregel eines asexualen Erotismus ist nicht eben die Emanzipation des Fleisches; ich schlage aber nicht vor, sie ihrer Bescheidenheit wegen zu belächeln. In einer Zeit, wo wir Deutschen so verklemmt waren, daß kaum einer unserer Dichter mit einer anderen Frau sinnliche Einverständnisse unterhielt als mit seiner Schwester, gab es keine vorgeschrittenere. Wenn sie nicht sexual war, so war sie doch immer erotisch.

Ich habe mich in Einzelpunkten verloren. Ich kehre zum Roman zurück und zu dem Umstand, daß in ihm wenig geschieht.

Das Inhaltsverzeichnis der Reemtsmaschen Schrift verzeichnet eitel Inhaltslosigkeit. Ihre sechs Kapitel sind überschrieben: 1. »Politeia«, 2. Politik, 3. Philosophie, 4. Lais, 5. Ästhetik, 6. »Symposion«. Handelt man so über ein Kunstwerk? Reemtsma berichtet nicht, was in dem Buch sich ereignet, er berichtet, worüber in dem Buch geredet wird. Es liegt nicht an ihm, es liegt am Buch. Außer dem, was die Leute reden, geschieht in ihm nichts.

Reemtsma unterrichtet uns, daß Wieland gerüstet war, eine Geschichte der Sokratischen Schule zu verfassen. Arno Schmidt nimmt die Behauptung auf seine Kappe, der »Aristipp« sei der »einzige historische Roman« der deutschen Literatur. Zutrifft, daß Wieland in den griechischen Altertümern gut Bescheid weiß. Nicht zutrifft, daß ihm hierdurch Gattungserhebliches gelungen wäre.

Seine historischen Personen und Begebenheiten sind weder genaue Nachahmungen derjenigen, die einstmals lebten oder sich begaben, noch sind sie genaue Anspielungen auf die Dinge der Jetzt-, will sagen der Entstehungszeit. »Aristipp« handelt in einem wunderlich verschwommenen Zwischenreich aus gewesener und seiender Wirklichkeit. Er ist weder ein Geschichts-, noch ein Schlüsselroman.

Was historische Literatur ist, lernt man bei Shakespeare. Er folgt seinen Gewährsleuten, dem Plutarch oder dem Holinshed, scheinbar Wort für Wort, so als ob er sie kaum bearbeitet habe; hierbei erreicht er, daß das entstandene Drama die elizabethanischen Läufte vollständig und mit äußerster Ähnlichkeit wiedergibt. Die Geschichte, wenn Kunst sie als Metapher einsetzt, ist das wie das: richtig als sie selbst und wahr, was die Gegenwart betrifft. Shakespeare ist Fleisch und ist Fisch. Dahn und Feuchtwanger, um Arno Schmidt zu entgegnen, sind beides. Wieland ist das eine nicht und nicht das andere.

Reemtsma verteidigt Wielands Stil. »Wieland schreibt lange Sätze«, teilt er mit, »aber keine langatmigen«. Kein Einspruch; der Stil ist an nichts schuld. Sobald es Wirklichkeit zu halten bekommt, ist Wielands Deutsch sehr gut. Ton und Stimmung des »Aristipp« sind von einer erlesenen Reinheit und Leichtigkeit des Geschmacks. Goethe lobt an ihm »das Zarte, Zierliche, Faßliche, das Natürlichelegante«. (Manchmal formuliert Goethe wie Thomas Mann, wenn er Goethe nachmacht).

Auf diese langweilige Weise ist das Buch kein schlechter Zeitvertreib.

Wieland wird gelegentlich die eine oder andere Behauptung vortragen, der Sie nicht beifallen, aber nie eine, die Ihnen unangenehm ist. Man fühlt sich in seinem Dunstkreis immer wohl. Er ist vielleicht der sympathischste Autor aller Zeiten. Es ist unmöglich, ihn nicht gern zu haben. Leider ist möglich, von ihm nicht gefesselt zu sein.

Ein Kunstwerk von der großen Gattung muß totalitär sein. Von ihm wird verlangt, daß es Totalität habe; es soll das Gesamt fassen, im Ernst groß sein. Der »Aristipp« läßt alle Philosophen der Welt philosophieren und alle Staatsvorkommnisse der Welt vorkommen – und wir greifen, wenn wir Gutes von ihm reden, zu Wörtern wie »überaus angenehm« und »klug« und »wohlgeraten«. Das sind nicht die Wörter, welche die Sprache für Höchstes bereitstellt. Da ist ein Unterschied zwischen einem Endlos-Feuilleton und einem Roman. Die Erscheinungshöhe, auf die der Stoff Anspruch erhebt, wird nicht durch Handlung beglaubigt.

Wielands »Aristipp«, will ich sagen, ist lang, nicht groß. Kommen wir auf Reemtsma.

Jan Philipp Reemtsma ist ein Philologe und verfügt folglich nicht über die Gabe, schlecht und gut in der Kunst auseinanderzuhalten. Es spricht für ihn, daß er sich dieses Unvermögens bewußt ist. Er hat auf Abhilfe gesonnen und beschlossen, sich allen Geschmacksurteilen von Arno Schmidt anzuschließen.

Damit hat er nun so viel Glück, wie er hat.

Arno Schmidts Urteile sind zur Hälfte begnadet, zur andern Hälfte toll und albern. Das Genie dieses großen Künstlers und unerschrockenen Autodidakten ist zu unerzogen, um zuverlässig beholfen zu sein. Zum Albernen an Arno Schmidts Wertungen gehört alles, was er über Goethe, und nicht wenig von dem, was er über Wieland sagt.

Ich erinnere an seinen Ausspruch über den »Aristipp« als unseren »einzigen historischen Roman«. Im selben Atem versichert er noch, der »Aristipp« sei »der einzige ›Briefroman‹, den wir Deutschen besitzen, und mit Ehren vorzeigen können«. Auch das ist falsch. Er ist weder der einzige, noch der beste.

Und schließlich kann Schmidt sich gar nicht lassen über des »Aristipps« kunstvollen Aufbau. Er schwärmt vom »Fachwerk des großen Buches«, vom »Stahlskelett der Trägerkonstruktion«; er feiert Wieland als ungewürdigten »Berechner der äußeren Form«. Er gibt ihm hohe Titel, leider fehlt ihm dann der Platz, diese Titel zu begründen.

Reemtsma sagt das von der geschliffenen und kalkulierten Form auch. Er hätte den Platz, begründet es aber auch nicht.

Die Behauptung vom »einzigen Briefroman« begründet Schmidt. Reemtsma, wie ich sagte, schließt sich an. Schmidt kennt das »primitivste Kennzeichen eines Brief›wechsels‹«: »es müssen mindestens zwei gleichberechtigte Landschaften und zeitlich parallele Erlebnisreihen vorliegen!« Mir war nicht gegenwärtig, daß ein Roman aus Landschaften und Erlebnissen (»Gehirnvorgängen«) konstituiert ist; ich hätte vorgezogen, von Zweifabligkeit zu reden, und hätte zu der die Mitwirkung der Post nicht gebraucht. Aber Schmidt beharrt auf seiner Bestimmung. Es gehe beim Briefroman, wiederholt er, um »zwei mächtige Landschafts- und Erlebnisgruppen«. Ich sage jetzt, worum es beim Briefroman geht.

Der Briefroman, das macht seine Gattungsschönheit, gibt den Romanpersonen Gelegenheit, ihre subjektive und meist irrige Sicht auf die Handlung vorzutragen. Höhepunkt ist gewöhnlich ein Auftritt, an welchem drei Leute – Spieler, Gegenspieler und Beobachter – das Vorgefallene auf unvereinbare Weise wahrgenommen haben und so zu Papier bringen. Es funktioniert wie im »Rashomon« – mit dem Unterschied, daß im Briefroman, nicht anders als im Drama, der Romanleser immer Bescheid weiß und immer klüger ist als der Briefleser.

So beschaffen sind Laclos' »Gefährliche Liebschaften«. So beschaffen, wenn man es einheimisch will, ist das von Reemtsma so schnippisch abgefertigte »Fräulein von Sternheim« unserer Bekannten La Roche. So nicht beschaffen ist der »Aristipp«.

Obgleich in Briefform verfaßt, bleibt der »Aristipp« unmißkennbar die Arbeit eines einzigen Gesamterzählers. Die

Schreiber unterrichten einander wahrheitsgemäß und vertrauenswürdig über die Ereignisse, sind auch stets ziemlich einer Meinung. Ihr Äußerstes ist, daß sie gelegentlich eine Frage von beiden Seiten betrachten, so wie jeder leidlich aufgeweckte Mensch das täte. Im Grunde sind sie austauschbar. Einmal ist in meiner Ausgabe eine Briefüberschrift verwechselt; ein Brief an Aristipp ist als Brief von Aristipp bezeichnet. Es schadet überhaupt nichts. Alle diese Briefe sind von Wieland an Wieland geschrieben. Es ist eine Korrespondenz Wielands mit sich selbst. Unter 142 Briefen ist nicht einer, der einen anderen bestreitet, so sehr geht alles aus einem Ton.

Es bedarf vielleicht einer gewissen schwer zugänglichen Leseerfahrung, bemerkt Reemtsma, »um die Polyphonie eines Romans wie des ›Aristipp‹ würdigen zu können«.

Anders als die ästhetischen sind Reemtsmas politische und philosophische Urteile ganz sein Eigentum. Um Wielands Schönheiten loben zu können, genügte, daß er ihn mißverstand. Um Wielands Politik und Philosophie loben zu können, muß Reemtsma Wieland ändern.

Aristipp nimmt an den öffentlichen Geschäften nicht teil. Zwar verfolgt er scharf hinblickend ihren Verlauf, aber er erweist ihnen nicht die Ehre, sein Herz an sie zu hängen; er begegnet dem Treiben der Parteien mit zergliedernder Wurstigkeit. Reemtsma nennt ihn richtig einen »politischen Unpolitischen«. Ihm gefällt diese Haltung sehr, so auffallend sehr, daß man glauben könnte, Wieland sei unser Zeitgenosse und seine Haltungen gingen uns an.

Welche Gesellschaftszustände hatte Wieland im letzten Jahrdutzend von Frankreich vorgeführt bekommen? Den Absolutismus Ludwigs XVI. Den Sieg einer konterabsolutistischen Fronde, der zur Revolution führte. Die konstitutionelle Monarchie. Die demokratische Diktatur. Die liberale Oligarchie des Directoire. Die Tyrannis Bonapartes.

Zwei dieser Zustände hatten sich als nicht haltbar erwiesen: die Kleinbürgerherrschaft der Jakobiner und die Bourgeoisherrschaft der Direktorenrepublik. Alle anderen waren Mischzustände, bürgerlich-feudale Klassenkompromisse, nicht durchaus unähnlich dem, der in Deutschland auch bestand.

Der deutsche Absolutismus war vergleichsweise aufgeklärt. Es war mindestens so wichtig, das Erreichte nicht zu verschlechtern, wie es zu verbessern. Die französische Revolution ist dem deutschen Absolutismus gegenüber nicht das Ganz-Andere. Keine unabweisbare Wer-wen-Frage erforderte ein Wer-wen-Denken.

Ich versuche zu sagen: Politische Indolenz im Jahr 1800 ist eine andere Sache als politische Indolenz im Jahr 2000.

Wieland macht sich den Spaß, für Aristipps Vaterstadt Kyrene eine Verfassung auszudenken. Sie ist schlicht. Es gibt ein Oberhaus für den Adel und eine Volkskammer für die Bürger. Die Doppelherrschaft ist institutionalisiert; jemand muß sorgen, daß die Klassen das Gleichgewicht halten, hierfür ist ein Verfassungsausschuß vorgesehen. Die ersten zwei Vorsteher oder Konsuln tragen putzig-sinnige Namen. Es sind die Herren Demokles und Aristagoras.

Es ist auf Grundlage dieses Kuhhandels, daß Wieland tolerant war. Die richtige Klassenlage vorausgesetzt, sind ihm die Staatsformen gleichgültig, so wie sie Goethe, Hegel und meinem Freund Ascher gleichgültig sind. Einen rein bürgerlichen Staat würde er mit Mißtrauen betrachtet haben; (dem Bürgertum die Alleinmacht zu wünschen, war ja von den deutschen Dichtern allein Lessing instinktlos genug). Mit Groll betrachtet haben würde er eine Feudalmonarchie oder eine Adelsrepublik. Glücklicherweise waren diese Spielarten des Ständestaats in Mitteleuropa obsolet.

Zwischen Bürgertum und Adel, das ist seit der Gotik, ist der Kompromiß die natürliche Weise des Zusammenlebens. Wieland zeigte in der Politik keinen Eifer, weil es nichts zu ereifern gab. Alles ging, wenn es nur ging. Für Varianten läßt man sich nicht hängen.

Aus der Tatsache, daß Wieland alles duldet, was geht, macht Reemtsma: Wieland duldet alles.

Nicht zum ersten Mal trage ich vor, daß Wieland hinsichtlich dessen, was ging, eine bestimmte Vorliebe hatte. Die Diktatur, meinte er, ist von allen Weisen des öffentlichen Pfuschs die am wenigsten pfuscherische. Seit 1798 war Wieland für Napoleon. Im »Aristipp« ist Wieland für Napoleon.

Da gibt es also die riesige Großstadt, die wir Griechen im Westen liegen haben, Syrakus; das Land, das sie beherrscht, ist Sizilien. Dort macht seit langem der Tyrann Dionysios seine Sache, und er macht seine Sache gut. Er rüstet endlich eine Flotte gegen den Dauerfeind Karthago, welches Sizilien seit hundert Jahren mit Überfällen von See behelligt.

Napoleons Landungsvorbereitungen gegen England in Boulogne fielen auf die Jahre 1801 bis 1803. Der »Aristipp« ist kein Schlüsselroman, aber selbst Reemtsma räumt ein, daß vom Ersten Konsul die Rede ist.

Die Frage, warum Wieland sich unter den antiken Philosophen ausgerechnet den Aristipp als Zweit-Ich aussuchte, der ihm so wenig ähnelt, und nicht beispielsweise den Demokrit, Leukipp, Epikur oder Lukrez, läßt eine überraschende Antwort zu: Weil Aristipp sein letztes Lebensdrittel am Hof des Dionys verbrachte. Aristipp war der Fürstenknecht, der, wie Diogenes ihn genannt haben soll, »königliche Hund«.

Ich kann und muß nicht nacherzählen, mit wie gespanntem Anteil der Roman ausgerechnet die »Syrakusischen und Sicilischen Staatsverhältnisse« schildert, mit welchem Wohlwollen er ausgerechnet die Taten des »in Krieg und Frieden großen Fürsten«, des »sogenannten Tyrannen« Dionysios hersagt und mit welcher Ausführlichkeit der mögliche Nutzen ausgerechnet von Usurpatoren erwogen wird.

Platon gibt im »Staat« eine Rangordnung der Regierungsformen. Die allerbeste ist ihm ein ständisches Königtum. Am schlechten Ende der Liste steht als zweitschlechteste Regierungsform die Demokratie, als allerschlechteste die aus dieser notwendig hervorgehende Tyrannis. Wieland schmatzt vor Genuß, wenn er das berichtet. Ich schiebe ihm nichts unter, wenn ich meine, daß ihm genau diese Rangordnung sehr recht ist, wenn man sie auf die Füße stellt.

Ein paar Seiten lang kriegt Reemtsma ordentlich Angst,

Wieland könne in eine »Diktatur des Generals Bonaparte« eine »– wie immer irrende – Hoffnung« gesetzt haben. Aber es kommt dann so schlimm nicht. Die Gefahr geht vorüber, und zwar dadurch, daß neben den zweihundert Stellen für den Korsen auch zwei zu seinem Nachteil sich finden lassen.

Wieland ist kein Schleimer; er sagt über die Leute, denen er anhangt, nicht nur Gutes. Die vernünftigste Tyrannei bleibt eine Tyrannei. Es könne, sagt er beispielsweise, dem Tyrannen wohl zustoßen, daß er den Tyrannen etwas derber mit uns spielte, »als es unserer persönlichen Freyheit zuträglich seyn möchte«. Die Diktatur, sagt er, möge von ihm aus die ganze Welt überziehen, er selbst aber wolle dann lieber woanders wohnen.

Es ist Reemtsma ein bißchen peinlich, daß diese enorme Tyrannenschelte in einem Brief steht, der nicht vom Helden Aristipp unterzeichnet ist, sondern von dem Sophisten Hippias. Es muß ihm nicht peinlich sein. Alle Briefe sind von Wieland.

»Ich stehe nicht dafür«, faßt Wieland/Hippias zusammen. »daß nicht auch einem Dionysius so etwas – tyrannisches begegnen könnte«.

Und Reemtsma ...

»Mit dieser Korrektur an Aristipps ›Es kommt auf die Verfassungen zum wenigsten an‹ kommt Wieland zum Endpunkt seiner politischen Schriftstellerei«, jubelt Reemtsma ganz erleichtert.

Wahrhaftig. Reemtsma ist fähig und legt aus und macht aus der einfachen Tatsache, daß Wieland weiß, was eine Tyrannei ist, folgende Unterstellung: Wieland in seiner nachahmenswerten Indolenz läßt alle Staatseinrichtungen gelten – ausgenommen die tyrannischen. Er hat sich, als herrsche in Christoph Martin Wielands Kopf keine minder grauenvolle Öde als in dem jener völkerbelehrenden Heideggerschülerin aus Princeton.

»Jede Regierung«, das schreibt nun Aristipp wirklich persönlich, ist »nur eine schwache Stellvertreterin der Vernunft, die in jedem Menschen regieren sollte«. Man könne, schreibt er, »nicht ernstlich genug daran arbeiten, die Menschen vernünftig und billig zu machen. Aber, wie die Machthaber hiervon überzeugen? Dies«, schreibt er, »ist noch immer das große unaufgelöste Problem. Wie kann man ihnen zumuten, daß sie mit Ernst und Eifer daran arbeiten sollen, sich selbst überflüssig zu machen?«

Diese Sätze aus dem ersten Viertel eines Romans, den Wieland mehr als zehn Jahre vor seinem Tod verfaßte, sind, stellt Reemtsma fest, »der Schlußpunkt, den Wieland am Ende einer fast ein halbes Jahrhundert währenden Tätigkeit als politischer Schriftsteller setzt«.

Ich fühle mich noch nicht richtig totgeschlagen, weder von dem Endpunkt, noch von dem Schlußpunkt.

Welchem Staatsmann, der seinen Verstand beisammen hat, wäre nicht an politischer Reife und sittlicher Bildung seiner Untertanen gelegen? Kein Mensch herrscht gern mehr, als er muß; ein unpoliziertes Staatsvolk ist ein großer Schrecken, und die Schuld an den sich nicht selber regierenden Völkern gibt, das weiß man doch, Wieland nie den Regierungen und allemal den Völkern. Aber Reemtsma redet mahnend und salbungsvoll, wie wenn die paar hingeworfenen Dialogrepliken Wielands politisches Testament wären und eine Antinomie von mindestens Kantischer Unerschütterlichkeit.

»Man bedenke«, so legt er es uns auf die Seele, »ob in diesem klassischen Einwand anarchistischer Provenienz gegen staatssozialistische Modelle nicht das Schicksal der Revolutionen des 20. Jahrhunderts in a nutshell« liege, nämlich: »der kurzfristige Erfolg ebendieser staatssozialistischen Modelle«.

Ich glaube nicht, daß Reemtsma den Lenin an dessen paar Haaren in den Kontext hereinzerrt, weil er bezweifelt, daß dem die nahe Zukunft gehört. Ich glaube, es verhält sich umgekehrt. Er tut es, denke ich, weil er es nicht bezweifelt.

Daß jedenfalls, weil »Machthaber« immer wieder einmal nicht selbstlos sind, der Sozialismus mit Notwendigkeit zu Grund gehen muß, war, wenn wir Reemtsma folgen, für Wieland abzusehen. (Streng genommen redet ja Wieland an dem fraglichen Ort noch nicht einmal über Napoleon. Er redet über die von ihm selbst entworfene kyrenische Mittelwegsverfassung und, erweiternd, über »alle bürgerlichen Gesellschaften«).

Wielands Hellsichtigkeit ging bekanntlich so weit, daß er den Antritt Napoleons vorhersagte. Den Abtritt Napoleons hat er, soweit ich sehe, nicht vorhergesagt. Ist nicht ein Trost, daß er wenigstens über das Scheitern Ceauşescus Bescheid wußte?

»Das«, erklärt Reemtsma, »ist keine unzulässige Aktualisierung«.

Das von der Politik. Was von der Philosophie?

Philosophen, sagte ich oben, kommen im Umfeld des Sokrates recht eigentlich nicht vor. Das ist es, wofür Reemtsma sich dem Sokrates verwandt weiß. Er hat selbst einen kleinen Popper im Knauf seines Spazierstocks.

Die Sokratiker sind lauter Dr. Hilfreichs, Streetworker, die sich um Natur und Gesellschaft, Logik und Erkenntnis erklärtermaßen nicht scheren und zufrieden sind, wenn sie sich und ihre Anhänger durch harte Zeiten so leidlich durchsteuern. Wieland läßt sie sein, was sie sind, gute Männer. Für den Alltagsgebrauch reicht der gesunde Verstand ja wirklich. Reemtsma, der sie alle ganz ernst nimmt, folgert aus Wielands Nachsicht, daß die Duldung und Neigung des Dichters einer Philosophie ebensowohl wie der anderen gehöre. Wie wenn überhaupt von Philosophie die Rede ginge.

Einem Philosophen indes gehört des Dichters Duldung und Neigung nicht, dem Platon. Platon ist Wieland/Aristipp ein Greuel. Die Abschweifung über Platons »Staat« zählt in ihrer vergifteten Sanftmut unter die großen Streitschriften unserer Literatur. Sie anerkennt, daß Platon, ungeachtet seines uneinladenden Denkstils und spitzfindigen Wesens, keineswegs dumm fragt, und daß er, wiewohl er immer tief tut, auf eine Weise doch immer auch tief ist. Nur gelegentlich läßt Wieland/Aristipp sich gehen und gibt zu verstehen, daß Platons Antworten natürlich insgesamt Quatsch sind.

Ich benutze für den Roman-Aristipp das gleichsetzende Wieland/Aristipp, auch Reemtsma verfährt so. Wir dürfen das. Es ist wirklich kein Spalt zwischen den Ansichten des Autors und denen seines Helden.

Ich wollte aber, Reemtsma hätte sich aufgerafft, den Aristipp aus dem »Buch vom Ich« den Reemtsma/Aristipp zu heißen. Vieles wäre klarer, wenn diese Unterscheidung gemacht wäre. Reemtsma läßt unseren liebenswürdigen Afrikaner Dinge denken, auf die er von Wielands wegen nie gekommen wäre.

Reemtsma/Aristipp nämlich wirft dem Platon nicht vor, daß seine Philosophie Quatsch ist, sondern daß sie Philosophie ist.

Reemtsma/Aristipp nämlich liebt an den Jungs des Sokrates, den Überlebensphilosophen von der idyllischen, elegischen und satirischen Sorte, eben das, was ihren Mangel ausmacht: daß sie nicht philosophieren können. Es gibt, verkündet er, gar keine Wissenschaft Philosophie. Es gibt nur Einzelwissenschaften. Eigentümlich philosophische Fragen, verkündet er, werden von keinem Gegenstand aufgeworfen, nur von den Philosophieprofessoren, die sich damit ihre Kolleggelder verdienen.

Ich wiederhole: nicht Wieland/Aristipp verkündet das alles. Ausschließlich Wielands Interpret schiebt es ihm in die Sandalen.

»Der Roman ›Aristipp‹ ist der Versuch zu zeigen, daß es keine Probleme gibt, die die besondere Eigenschaft haben, ›philosophisch‹ zu sein«, (Reemtsma).

Aus Platons Phantasie vom »Philosophenkönig« wird – unter Reemtsmas, nicht Wielands Hand – der »herrscherliche Anspruch« der Philosophie. Reemtsma ist nicht nur ein Leugner alles Wissenkönnens. Er ist sogar ein Tadler alles Wissenwollens. Philosophie, sagt er, ist »im Grunde« Religion: ein »unnatürliches Trachten nach Gewißheit«.

Ich kann leben, ohne hierauf zu entgegnen. Es ist möglich, daß von den Denkschwierigkeiten der Philosophie nicht eine einzige besser als annäherungsweise gelöst ist, und es ist wahrscheinlich, daß die Behauptung, man habe die Lösung, oft schadet. Aber der größte Schaden auf dem Weg zur Menschwerdung ist Wissensverzicht.

Irgendwer sollte einmal einen Blick auf die Ergebnisse der Einzelwissenschaften werfen, etwa die vom Kosmos, vom Bewußtsein und von der Gesellschaft. Sind die weniger religiös?

Oder weniger idiotisch? Ich versichere Ihnen: nur eine schier bedingungslose Hingabe an die Philosophie kann uns vor dem Schwachsinn der Einzelwissenschaften retten.

Nun hat aber Reemtsma dem Text eine weitere verborgene Wahrheit entrissen. Mit dem Platon, offenbart er uns, meint Reemtsma/Aristipp den Kant. Am Kantschen System zeigt sich jener unerträgliche »Herrschaftsgestus der Philosophie«, den Aristipp von Kyrene, Christoph Martin Wieland und Jan Philipp Reemtsma so Arm in Arm in Arm bekämpfen.

Wir sehen ein, daß der Name Kant im alten Griechenland und also im »Aristipp« nicht auftauchen kann. Wir müssen Reemtsmas Wer-ist-wer-Behauptung, wenn sie zwar ein Fall von »literarischem Positivismus« ist, nach dem Prüfmaß prüfen, das wir haben, nach ihrer Beifallswürdigkeit, Annehmbarkeit und Gabe einzuleuchten.

Ich habe mich wohl schon verplappert. Sie leuchtet mir nicht ein.

Der Absolutismus ist die zeitweilige Synthese von Lehnswesen und Bürgertum. Kant ist die zeitweilige Synthese von Idealismus und Materialismus. So vollendete Kant den Überbau des aufgeklärten Absolutismus.

Darum und dann noch darum, weil er ein sehr gewissenhafter und genaudenkender Philosoph war, also eine große Leistung in dem Fach erbracht hat, von dem Reemtsma sagt, es gebe es nicht, ist die deutsche Philosophie durch Kant hindurchgegangen, so wie sie durch Adam Smith und die französische Revolution hindurchgegangen ist.

Wieland stand politisch eher links von Kant und philosophisch – als, sagen wir es ruhig mit Goethe, Mann Shaftesburys – eher hinter Kant. Es ist richtig, daß ihm Kants Denkart nicht besonders lag und daß er sich irgendwann sogar mit Herder gegen ihn zusammenrottete. Es ist ferner richtig, daß er den Platon verabscheute. Hieraus folgt nicht, daß sein Platon den Kant darstellt, jedenfalls nicht nach der Logik. Wenn Kant denn schon ein Idealist sein soll, aber sein Ding an sich hat mit einer Platonischen Idee so gut wie nichts zu tun.

Ein anderer Philosoph, den Wieland verabscheute, war Fichte. Die Übereinstimmungen zwischen Platons »Staat« und Fichtes »Reden an die deutsche Nation« liegen am Tag. Freilich sind Fichtes »Reden« erst von 1808, und Wieland hält sich, wie Reemtsma bemerkt, bei Platons politischen Dummheiten nicht sehr lang auf, weil sie die Jahre um 1800 noch kaum betrafen. Dieselben Dummheiten bei Meyern sind von 1787 bis 1791. Wieland, kann sich Reemtsma das nicht vorstellen, wußte, was zu seiner Zeit gedacht wurde.

Aber Reemtsma hat sich in den Kant verbissen. Er besteht darauf, daß der ganze »Aristipp« gegen Kant gehn muß. Warum? Weil sich Kant des Erzverbrechens schuldig gemacht hat anzunehmen, daß er im Recht sei.

Im Roman steht: Wieland/Aristipp hält eine Philosophie für nicht wahr, alle übrigen läßt er so hingehn.

Im »Buch vom Ich« steht: Reemtsma/Aristipp bekämpft den Wahrheitsanspruch der Philosophie als solcher und billigt das Nichtphilosophieren und will das Philosophieren aus der Welt.

»Philosophie als Lebensleistung, nicht als Denkleistung!« Diese Reemtsmasche Antithese ist schon schlagender ausgedrückt worden. »Das Ziel ist nichts, der Weg ist alles«.

So wie Wieland, wenn wir Reemtsma zu glauben vorhätten, schon ahnungsvoll den Sozialismus widerlegt hat, genau so hat er vorlaufend den Eduard Bernstein bestätigt. Ich bin gar nicht versessen darauf, dauernd mit dummen Scherzen zu dienen. Aber Reemtsma behandelt den Immanuel Kant wie einen Professor aus Kaliningrad.

Ich habe zu zeigen, daß Wielands Platon der Kant im Geringsten nicht ist.

Hören wir, was Wieland gegen Platon sagt. – Im Betreff der Kunst mißfällt ihm, daß dieser alle Gattungsrichtigkeit verfehlt. Ein Dialog habe seine Kunstregeln auch; der »Staat« hingegen sei ein unordentlicher Mischmasch von Unzusammengehörigem und »von einem auffallenden Mißverhältnis der Theile zum Ganzen« und »Überladung mit Nebensachen« nicht frei zu sprechen. Platon wolle Philosoph, Dichter und Redner zugleich sein; dieser »dreifache Charakter« verführe ihn, mit Analogien, Allegorien, Milesischen Märchen und all den »ammenhaften« Beimengungen zu arbeiten, die nun einmal ein – Gesamtkunstwerk so sprenkeln. Das Wort Gesamtkunstwerk fällt nicht. Es fällt uns nur ein. Das Unendliche mag Wieland als Ziel der Schönheit nicht nehmen. Wie kann, fragt er, schöngestalt sein, was unendlich ist?

Im Betreff der Erkenntnis wirft er Platon vor, er habe seiner Bauchrednerpuppe, dem Sokrates, eine »subtile, schwärmerische, die Gränzen des Menschenverstandes überfliegende Philosophie« untergeschoben. »Unser Mystagoge«, so Wieland, erblicke die »neuentdeckte übersinnliche Sonne«, diejenige, die die rein geistigen Dinge erleuchtet. Sein heiliger Mann, der Universalmonarch, müsse sich »zum mystischen Anschauen des Unwesens aller Wesen erheben«.

Im Betreff der Politik endlich erzählt er, wie, dem Platon nach, die Klassen verschiedenwertig geboren seien, von »ungleichartigem Metall« nämlich, oder wie vielmehr die Behauptung aufgestellt und vermöge von Propaganda durchgesetzt werden müsse, sie seien es. Diese Theorie der Klassen als Geburtsstände referiert Wieland mit Sorgfalt: Die Ungleichheit der Legierung ist nicht wahr, und demzutrotz denknotwendig. Die Zucht der jungen Brut erfolgt nach Art der Tierzucht; die Weiber wachsen männisch auf, Hauptsubordinierungshilfen sind Musik und Turnen. Der Dialog vom »Staat« läuft auf eine Begriffsbestimmung der Gerechtigkeit hinaus. Gerechtigkeit ist die ewige Dauer der ständischen Privilegien; das Mittel, das sie befestigt, ist die spartanisch-archaische Zwangserziehung.

Alle letzten Fragen aber werden nicht von der Philosophie entschieden, sondern von »den Priestern des Tempels zu Delphi«. Dieser Tempel untersteht Sparta, und kein Schelm, wer hier an Rom denkt.

Wer also soll mit dieser Wielandschen Beschreibung beschrieben sein? Kant? Das ist, erstens, in jeder Faser das Gegenteil von Kant. Das ist zweitens das genaue Programm des »Athenäum«. – (Es geschah in demselben Jahr 1800, in dem

Wieland den Platon auf so erledigende Weise drosch, daß Friedrich Schlegel Friedrich Schleiermacher beschwatzte, den Deutschen eine Übersetzung dieses Denkers vorzulegen).

Das »Athenäum«, die Zeitung der Schlegels, war seit 1798 erschienen und hatte sich bis 1800 geschleppt. Eine erklärte Absicht des »Athenäums« war die Auslöschung Wielands. Auch Wieland wollte der Romantik nicht nur wohl.

Sein Roman, gedruckt 1800 bis 1802, ist vom alleraktuellsten Bedürfnis. Noch schneller kann ein Roman auf seine Gegenwart nicht erwidern. Der »Aristipp« ist – auf seine salonmäßige, ja geckenhafte Weise unerbittlich – ein Roman fürs Konsulat und gegen das »Athenäum«. Ich kann sehr wohl kurz sein, wenn Reemtsma mich ließe.

Daß diesem aufregenden Buch der Schlußteil fehlt, ist bedauerlich. Warum er fehlt, wollen die Gelehrten nicht begründen. Manche sagen, Wieland sei das verlorene Oßmannstedt abgegangen, so als habe er in Weimar und in Tiefurt nicht ganz Ansehnliches zustande gebracht; auch habe ihn sonstiger Kummer betroffen. Ferner habe ihn der matte Widerhall der erschienenen Bände entmutigt. Warum übrigens war der Widerhall eines der besten Bücher eines Bestsellerautors matt?

Ich teile Reemtsmas Vermutung, daß ausgerechnet der Band, der mangelt, die Hauptsache enthalten hätte. Nicht einig sind wir darüber, was die Hauptsache sei. Ich weise einfach auf Gegenstände hin, die mit Sicherheit in ihm hätten müssen gestanden haben.

Aristipp wäre auf sein letztes Lebensdrittel in syrakusische, also französische Dienste getreten. Auch Platon wäre zum Dionys hingeeilt und aber abgeblitzt (hierin merkwürdig ähnlich dem Friedrich Schlegel und wie es dem mit dem Ersten Konsul erging).

Aristipps Tochter Arete wäre herangereift und ihm als Kopf der kyrenischen Philosophen gefolgt. In der vorliegenden Romanfassung fällt Aretes Name – zum einzigen Mal, glaub ich – im vorletzten Satz. Aber diese Philosophin war so sehr keine Lais und so sehr eine arbeitende Person, daß das ihr nachfolgende Schulhaupt, ihr Sohn Aristipp, der Metrodidakt hieß, der Mutterlehrling.

Neben Dionysios II hätte eine andere Figuration Bonapartes sich abgezeichnet, Alexander von Makedonien. Von diesem Ausländer wird schon im unvollendeten Roman vorhergesagt, daß er die griechische Einheit ins Werk setzen und der Stadt Athen die Hoffnung eröffnen werde, einem Großreich einverleibt zu werden und durch diese Verumständung die Kulturhauptstadt zu bleiben. Die Vorhersage macht Wieland gut ein Jahr vor Hegel, sieben Jahre vor Ascher. Zusammen mit Alexander wäre der erste richtige Philosoph im Buch aufgetaucht, Aristoteles, der Erfinder des Anspruchs auf ein umfassendes philosophisches System.

Wahrscheinlich war sich Wieland nicht darüber klar, daß Hegel eben im Jahr 1801 in Jena anreiste, um eben diese Stelle einzunehmen, und daß sein Roman-Aristoteles nicht umhin würde gekonnt haben, den Hegel zu bedeuten. Aber diese drei Zutaten: Leben mit Bonaparte, eine mündige Frau und ein umfassender realistischer Denker hätten die Probe aufs antiromantische Exempel aushalten müssen, beim Dichter ebensowohl wie bei seinen Lesern. – Nichts, schließlich, verschreckt eine Zeit an einem Kunstwerk so wie Zeitnähe.

Wieland hatte sich schon mit den herausgekommenen, eher idyllischen und verspielten Bänden nichts als Ärger eingehandelt. Es gibt ein Alter, in dem auch stolze Menschen die Lust verlieren, sich hassen zu lassen.

Reemtsma läßt mich nicht kurz sein. Sie haben sich sicher schon gefragt, weshalb seine »Aristipp«-Auslegung den Titel »Das Buch vom Ich« trägt. Ich sage es Ihnen; denn Sie würden nicht drauf kommen.

Wieland, sagt Reemtsma, ist ein »radikaler Nominalist«, welcher weiß, daß es an der Welt nichts zu erkennen gibt als die Oberfläche. Er gehört (ebenso wie übrigens Shakespeare) in die seit jeher Recht habende Elite derer, die nichts für wahr und nichts für wirklich halten: in die »moderne Traditionslinie« der Anpassler ohne festen Standpunkt.

Wer aber kein Objekt hat, der hat, das soll aus dem folgen, ein Subjekt. Der »Aristipp« ist das »Buch vom Ich«, weil er das Buch von der Weltlosigkeit ist.

Stimmen Sie mir bei, wenn ich die Art Überlegungen uninteressant finde?

Boten, die Unheil bringen, werden geköpft, und Berichterstatter, die Langweiliges melden, gelten für langweilig. Ich habe für beides volles Verständnis. Ich hätte über Jan Philipp Reemtsma und sein »Buch vom Ich« lieber nicht geschrieben.

Reemtsma hätte ohne weiteres seine Ruhe vor mir haben können. Aber aus einem bestimmten Grund, den wir an dieser Stelle noch nicht angeben können, mag er sich mit dem verdeckten Kampf gegen Wieland und das Menschengeschlecht nicht begnügen. Er steigert sich zu einer gleichsam paradoxen Langweile, einer Langweile, welche wütend und offensiv und nunmehr in der Tat unleidlich ist. Er erfrecht sich gegen Goethe.

Beispielsweise spricht er von »dem traurig niedrigen Verhalten Goethes bei der Inszenierung des ›Zerbrochenen Kruges‹«. Kein Wort hiervon stimmt, und nichts hieran gehört zum »Aristipp« oder in dessen Zusammenhang. Warum schreibt Reemtsma es hin? Ist es ihm nur zugestoßen, und er bereut es schon? Ist es Sensationsmacherei? Verlangt ihn nach Strafe? – Wir werden sehen. Von vorn.

Goethe hat Wieland bei den Weimarischen Freimaurern die Totenrede gehalten. Sie gibt dem Verstorbenen seine Würdigung und seinen Ruhm. Es ist nicht möglich, sich über einen kleineren Zeitgenossen, den man hinter sich gelassen hat, gerechter und freundschaftlicher zu äußern, als Goethe über Wieland hat.

Die Weimarischen Freimaurer hatten die Wahl. Sie hätten auch einen anderen Redner nehmen können, irgendeinen Angestellten des Herzogs von Otranto oder des Herzogs von Rovigo, der ihnen gern würde bestätigt haben, der größte Dichter der Deutschen sei von ihnen gegangen. Von Goethe war nichts zu erhalten als die in aller Behutsamkeit endgültige und nie mehr umstößliche Einschätzung des zur Rede Stehenden. Besonnene

Männer, die sie waren, hatten sie Goethe gewählt. – Goethe, sagt Reemtsma unerwarteter Weise, hat Wieland ermordet. Schauplatz des Verbrechens ist Wielands Sarg. Goethes Rede, sagt Reemtsma, ist »der Versuch eines Mordes übers Grab hinaus«.

Man kann das ja sagen. Man kann das nicht sagen, ohne Goethes Rede zu fälschen.

Goethe über Wieland, hoch ehrend: Er »hat sein Zeitalter sich zugebildet«. Reemtsma liest den Satz um in: Wieland war »ein Kind seiner Zeit«. Aus einem Urheber seiner Epoche macht Reemtsma (nicht Goethe) einen an seine Epoche Gefesselten. Kann man eine Aussage gegenteiliger lesen?

Goethe über Wieland, hoch ehrend: »Der geistreiche Mann spielte gern mit seinen Meinungen, aber niemals mit seinen Gesinnungen«. Reemtsma übersetzt: »Er mag geschrieben haben was er will, doch war er im Grunde doch ein anständiger Kerl«. Wieland war, soll Goethe gesagt haben, vielmeinend, aber stets wohlmeinend.

Es verhält sich nur so, daß das Wort Gesinnung das Wort Meinung in ganz anderer Weise überschreitet, als Reemtsma ahnt. »Meinung«, aber das weiß er nicht, ist unter Gesitteten ein sehr abschätziges Wort; es ist das, wozu man in der von Reemtsma bewohnten Gesellschaft die Freiheit hat. »Gesinnung« bedeutet hiergegen so etwas wie geprüfte Grundsätze und Ansprüche an die Welt, an denen man festhält. »Gesinnung«, aber Reemtsma weiß es nicht, ist unter Gesitteten ein sehr hochkarätiges Wort. Ich zitiere.

Hegel (Geschichtsphilosophie): »Von Robespierre wurde das Prinzip der Tugend als das höchste aufgestellt, und man kann sagen, es sei diesem Menschen mit der Tugend ernst gewesen. Die Tugend ist hier ein einfaches Prinzip und unterscheidet nur solche, die in der Gesinnung sind, und solche, die es nicht sind. Die Gesinnung aber kann nur von der Gesinnung erkannt und beurteilt werden. Es herrscht somit der Verdacht«. Und: »Diese subjektive Tugend, die bloß von der Gesinnung aus regiert, bringt die fürchterlichste Tyrannei mit sich«.

Aber Goethe sagt, sagt Reemtsma, daß Wieland ein gutmütiger Opa war. In Wahrheit redet Goethe von seiner und Wielands Parteilichkeit. Wieland war »für« die Revolution, Goethe »gegen« sie, und es gab in der Sache zwischen ihnen nie einen Streitpunkt. Die Gesinnung stimmte.

Es gab (ungefähr zu der Zeit, als Wieland am »Aristipp« schrieb) zwischen Goethe und Wieland Konflikte, solche, wie sie sich zwischen Künstlern von unterschiedlichem Rang ergeben. Der weniger gute, auch wenn er so hochherzig fühlt wie Wieland, wird gelegentlich zänkisch. Wielands junge Männer konnten nicht immer den Schnabel halten. Der Goethe-Neider Herder und die Goethe-Schmeißfliege Kotzebue wurden von Wieland nicht immer streng genug zurückgewiesen, übrigens auch umgekehrt die Wieland-Beißer Schlegel von Goethe nicht. Es gab zu keiner Zeit einen Konflikt über das Weltwesen. Es gab ihn schon überhaupt nicht im Jahr 1813, als der eine Ritter der Ehrenlegion dem anderen Ritter der Ehrenlegion die Logenrede hielt.

Goethe sprach über Wieland so angemessen, wie die Klassik über die Aufklärung, deren größergewachsenes Kind sie ist, äußersten und freundwilligsten Falls sprechen kann. Heines Nachruf auf Nicolai klingt viel schnöder, ist aber genau so liebevoll. Unsere Klassiker sind keine Vatermörder. Sie stehen im Widerspruch zur Aufklärung insofern, als der Höhepunkt einer Sache im Widerspruch zu deren gewöhnlicher Seinsweise einmal stehen muß. Sie machen den Sprung, der sie von der Aufklärung trennt, deutlich und nehmen sie im übrigen gegen die gemeinsame Krätze, die Romantik, in Schutz.

Aber Reemtsma schmollt und läßt sich nicht mildstimmen.

Er nennt Goethes Achtungsbezeugung »eine erfolgreiche Strategie«, Wieland »aus dem literarischen Kanon auszuschließen« – jenem Kanon, der zu Reemtsmas aufrichtiger Verwunderung »um die Zentralfigur Goethes komponiert war«.

Wie alle Gleichmacher stellt Reemtsma sich duldsam, wie wenn es die anderen wären, die händelsüchtig sind. Er behauptet, Goethe habe angefangen. Er wälzt nun den von Goethe »vor Wielands Gruft gewälzten« Stein weg. Und aus der Gruft kommt: ein Schönerer als Goethe.

Der von Goethe uns aufgezwungene Kanon der deutschen Literatur nämlich, wenn wir Reemtsma folgen, hat unlängst endlich seine »Akzeptanz verloren«. Er hat zu gelten aufgehört, und zwar vermöge eines »Paradigmenwechsels«.

Goethe ist uns »ferne gerückt«, und »um das Maß seines Fernerwerdens« sind uns »interessanterweise Lessing, Wieland, Moritz, Hippel, Heinse nähergekommen«. Zum Verständnis erfreut uns Reemtsma mit einer Anekdote.

Einer namens Otto Conrady, erzählt er, habe die Meinung vertreten, man könne Germanist sein, ohne den »Faust« zu kennen. Marcel Reich-Ranicki habe sich hierüber sehr erregt. Auch er selbst, Reemtsma, beteuert er, ziehe solche vor, die den »Faust« gelesen haben. Andererseits wieder, gibt er zu bedenken, habe jener Conrady das Nichtlesen des »Faust« ja nicht gebilligt; er habe nur unverkrampft geschildert, was ist: den stattgehabten Paradigmenwechsel eben. Das Reden von einer goethelosen Germanistik nennt Reemtsma »unverkrampft«.

(»Unverkrampft«! – nicht »unverfroren«).

Das Wort Paradigmen heißt was wie Leitwerte oder Rangmuster. Es gab eine Zeit, wo wir für dieselbe Sache ganz verständlich »Maßstäbe« oder »Maßgaben« sagten. Das Wort ist durch und durch Katheder, durch und durch Szene: eins jener pseudoakademischen Insiderwörter, die nicht zufällig an solchen Stellen gehäuft auftreten, deren Inhalt klar auszusprechen peinlich wäre. Nicht Goethe soll Vorbild sein, sondern Hippel? Wie klänge denn das?

Natürlich ändern sich die Musterhaftigkeiten in den Künsten, sind sie erst einmal festgestellt, nicht mehr. Ein Kunstwerk, das gut ist, bleibt gut. Was mit den wechselnden Gesellschaftsformationen wechselt, ist höchstens noch, wie gut es begriffen wird.

Ich frage mich, was unsere Autoren des 18. Jahrhunderts dem Reemtsma bloß zuleid getan haben. Ich habe doch wirklich nichts gegen Hippel. Er steht bei mir in einer Reihe mit Lawrence Sterne und Jean Paul unter den Dichtern, die ich nicht lesen kann. Was soll er nun sein? Ein gewechseltes Paradigma? Ein neues Muster? Mehr als Goethe?

Ich bitte alle Leser ausdrücklich: Lassen Sie sich durch derlei Narrheiten nicht verstören. Fahren Sie fort, Wieland hochzuhalten, behalten Sie Ehrfurcht. Wieland ist ein Klassiker zweiter Ordnung, aber ja doch ein Klassiker. Die Lusche, als die Reemtsma ihn hinstellt, ist er nicht. Er hat nicht verdient, nach Reemtsmas Bilde gelobt zu sein.

Wenn Sie einmal ein Bedürfnis nach spastischen Witzen haben, lesen Sie ruhig auch Hippel.

Reemtsma bedient sich auf diesen entsetzlichen Seiten 173 und 174 einer absichtsvollen Undeutlichkeit, die etwas Advokatisches hat. Er will, das meint man zu verstehen, Wieland nicht unter Goethe gestellt, aber doch auch nicht ausdrücklich über Goethe. Wohin will er ihn? Er will ihn, so verrückt ist er, statt Goethe. Ich stelle meine oben angekündigte Frage jetzt. Was hat der Mann?

Ist es nur die unbewußte Hinneigung des Philisters zum Nichtgroßen? Ist es nur die Wissenschaft der Dilettantik und Mediokrologie, in Richtung derer die Philologie die Ästhetik instinktiv immer hinrückt? Ich meine, es ist viel weniger ungewußt und keine Sache von Instinkten. Es ist nicht Psychologie, sondern Politik, und ist angeordnet.

Balzac sagt von der Restaurationszeit: »Es gab damals nur zwei Parteien, die Royalisten und die Liberalen, die Romantiker und die Klassiker, der gleiche Haß in zwei Formen«.

Es gibt auch heute »nur zwei Parteien«, die des Imperialismus und die des Sozialismus, (und der Satz würde auch an dem Tag nicht aufhören, wahr zu sein, an welchem China, Kuba, Vietnam und Nordkorea ins Meer gesprengt oder der Weltbank unterstellt wären). Es gibt den »gleichen Haß« in einer zweiten Form: als den Haß zwischen der Partei gegen und der für Goethe.

Noch immer ist es die Klassik, die für den Fortschritt steht. Man kann das als eine reine Verabredung begreifen; man muß das aus keiner tieferen Ursache herleiten als das heraldische Bild, das auf einer Standarte gemalt ist. Man kann es geistesgeschichtlich begreifen. Wer Goethe sagt, muß Hegel sagen, und wer

Hegel sagt, sagt Marx. Wahrscheinlich ist die Wahl des Feldzeichens beides, zugleich beliebig und eine Frage des Inhalts; wir reden ja vom Schlachtfeld Poesie.

Wie anders als feindlich soll sich der Imperialismus, bankerott und übellaunig, wie er dasteht, gegen den Goetheschen Willen verhalten, die Welt in ihrer Ganzheit zu erkennen und im Kunstwerk zu packen? Der Begriff des Gelingens ist ein antiimperialistischer Begriff. »Bin einer der letzten, vielleicht der letzte, der überhaupt weiß, was ein Werk ist«, schrieb Thomas Mann in sein Tagebuch, während er sich zu seiner zweiten Emigration entschloß, der aus Amerika, wo diese Reemtsmaschen Gedanken alle ausgedacht werden.

Des Politischen Philologen Reemtsma kleine Besonderheit ist darin zu finden, daß es bei ihm nicht, wie sonst, die Romantik ist, die gegen Goethe ins Feld muß, sondern, für Vernunftfreunde, die Aufklärung. Die Aufklärung, dies des Politischen Philologen kopernikanische Entdeckung, war gar nicht so vernünftig, wie Verleumder ihr nachreden. Wieland wird so ausnahmsweise nicht totgetadelt, sondern totgerühmt, das halte ich für keine Verbesserung. Ich denke nicht, daß Reemtsma besser als Beuys ist.

Das »Buch vom Ich« ist flüssig geschrieben. Der Autor besitzt Kenntnisse. Er hat Wieland mit Sorgfalt gelesen und hat über das, was er uns anmutet, nachgedacht. Er ist, wo Redlichkeit seine Zwecke nicht stört, redlich. Ich will mich nicht mit Lob aufhalten. Ich rede von Dingen, die mir mißfallen, ich rede von Langweile.

Die Langweiligkeit des Aristipp von Kyrene ist nahezu kindhaft; in jenen Tagen war noch die Verdorbenheit unschuldig.

Die Langweiligkeit Wielands ist ein noble ennui. Die Langweiligkeit Reemtsmas ist ein hanebüchener Ennui.

Hanebüchen ist der pyrrhonisch-menschewistische Denkplunder. Hanebüchen ist das Ausspielen ausgerechnet Wielands gegen alles Zusammenhängende, Behauptende, Realistische, die Schöpfung eines Paradigmas oder anleitenden Gespensts mit Namen Christoph Martin Wittgenstein.

Die Aufmerksamkeit, die ich ihm widme, beweist, daß das »Buch vom Ich« mich geärgert hat. Aber es allein hätte noch nicht vermocht, mich von meiner Arbeit abzuziehen.

Ein Mensch kann einen Menschen nur langweilen, wenn er die Macht hat, ihn zu langweilen. Die Macht hat Reemtsma bei Haffmans nicht. Es ist gleichgültig, wie langweilig die Bücher sind, die Reemtsma schreibt, weil keiner sie liest, der nicht dafür bezahlt wird. Ich vermute, die zwei einzigen Personen, die den Anti-»Aristipp« aus freiem Willen kennen, sind Reemtsma und ich. Sehr viel bedrohlicher breit macht er sich in der Zeitschrift »konkret«, jener Zeitschrift, die einmal für die Deutschen wichtig war.

Bis zu einem Grade ist sie es noch. Aber seit einigen Jahren finde ich ihre Seiten überzogen mit diesem fußkranken und wegmüden Denken, diesem Esprit von Nullhaftigkeit und Nihilism, diesem Charisma von Langweile – ganz ähnlich wie das Haus Usher mit seinem »zarten Mauerschwamm«, der ihm »als feines verworrenes Gespinst« über die Dachrinne hängt. »Irgendwie«, vermerkt Poe, schien hier »ein krasser Widerspruch zwischen der immer noch lückenlosen Oberfläche und der bröckligen Beschaffenheit des Einzelsteines« vorzuliegen; »außer dieser einen Andeutung auf weitgehenden Verfall jedoch wies der Bau kaum Male beginnender Zerstörung auf«.

Ich will ausdrücken: Jan Philipp Reemtsmas Zotten hängen Hermann L. Gremliza über die Dachrinne.

Ich ersuche die Verantwortlichen von »konkret«, sich zu erinnern, wie bald für das Haus Usher der Augenblick, »als die mächtigen Mauern zerbarsten«, auf den Pilzbefall folgte. »Da scholl ein langer verworrener Donnerruf, wie die Stimme von tausend Wassern, und der unergründliche dunkle Teich zu meinen Füßen schloß sich schweigend und finster über den Trümmern der Zeitschrift ›konkret‹«, ich rufe mich zur Ordnung: »den Trümmern des Hauses Usher«.

DIE NAMEN DER LINKEN

Die Ameise Naknak, Adam, Konfuzius

Die Ameise Naknak war von der Milchstraße auf der Erde einge-
troffen; denn sie war eine Traumzeitautorität und ein Totemgeist.
Sie wanderte durch einen Wald, in dem es von mannigfachem
Getier wimmelte; Naknak aber unterschied sie von einander und
nannte sie bei ihrem Namen. Diese wichtige Sache ereignete sich
in Tasmanien.

Dieselbe Arbeit für unsere Weltgegend besorgte, wie wir aus
dem zweiten Kapitel der Schöpfungsgeschichte wissen, der
Mensch Adam. »Denn als Gott der Herr gemacht hatte aus Erde
allerlei Tiere auf dem Felde und allerlei Vögel unter dem Him-
mel, brachte er sie zu dem Menschen, daß er sähe, wie er sie nen-
nete, denn wie der Mensch allerlei lebendige Tiere nennen
würde, so sollten sie heißen«.

Seit alters also besteht Einverständnis darin, daß es nicht
dumm sei, die Dinge vermöge der ihnen zukommenden Be-
zeichnungen zu bezeichnen. Einem seinen Namen geben ist im
Grunde nichts anderes als ihn ins Sein versetzen, oder würden
Sie von Lebewesen, die mit keinem genaueren Wort zu rufen
gehen als »Vieh und Vogel«, sagen, sie existierten? Die urzeit-
lichen Weltbewohner, die nach nichts hießen, waren auch nichts;
sie hausten in der Verwahrlosung, frei von Sinn und Sitte, es war
eine einzige Promiskuität und ein Gomorrha.

Ganz zu Recht ist von den Lehren des Konfuzius die die
berühmteste: »Wenn Euch der Kaiser die Regierung anvertrau-
te, was würdet Ihr zuerst tun? – Der Meister antwortete: Unbedingt die Namen berichtigen« (Lun-yü XIII-3). Nicht weniger
berichtigungsbedürftig als seinerzeit um Vieh und Vogel, so
scheint mir, steht es heute um die Angehörigen der politischen
Linken. Ich versuche im Folgenden, auch sie in die Begreifbar-
keit zu rücken und auf die Reihe zu bringen.

1. *Kommunisten.* Marxisten-Leninisten, die sich zum Ziel gesetzt haben, die Ablösung der monopolkapitalistischen Gesellschaftsformation durch die sozialistische Gesellschaftsformation zu befördern. Parteien: KPdSU bis 1953. SED bis 1971. KPD. Auch: Allunions Kommunistische Partei Bolschewiki.

2. *Reformkommunisten.* Der moralische Kollaps der KPdSU ereignete sich nach dem Sieg über Hitler, so plötzlich, wie die Krise nach dem Gipfel der Konjunktur sich ereignet. Drehpunkt war der Tag, an dem die Partei erfuhr, daß sie, statt sich dem Ruhm, dem Frieden und dem Wiederaufbau zu widmen, die Atombombe würde zu erfinden haben. Stalin hatte schon einmal die Aufgabe gelöst, einen Rückstand von hundert Jahren in zehn Jahren aufzuholen, und dafür mit den schwersten wirtschaftlichen Opfern und dem schrecklichsten aller Kriege bezahlt; die sowjetischen Kommunisten machten sich ebenfalls an diese Aufgabe, aber in ihren ermatteten Gehirnen nagte die Überlegung, ob nicht der nächste Krieg sich auf irgendeine Weise könnte vermeiden lassen. Es kommt nicht darauf an, daß wir Verständnis dafür haben, daß sie es satt hatten. Die sinnlose Überlegung führte zu einer sinnlosen Hoffnung und die Hoffnung zum Opportunismus. Nach Stalins Tod gibt die internationale Arbeiterbewegung auf und spaltet sich in eine rechte und eine linke Abweichung. Die rechte wie die linke Abweichung erklären sich zur reinen Lehre und schließen einander aus der internationalen Arbeiterbewegung aus. Das Schisma erfüllt die zweite Hälfte des 20. Jahrhunderts. Die *Reformkommunisten* sind jene rechten Opportunisten, die glauben, die Friedens- und selbst die Sozialismusfrage vertrauensvoll in die Hände des Imperialismus legen zu sollen (»historischer Kompromiß«). Theorien nach Hilferding, Kautsky, Otto Reinhold. Verwerfung Stalins. Parteien: KPdSU (Chruschtschowisten/Breshnewisten), auch: Eurokommunisten. Die DKP ist eine kollektive Gründung von L. Breshnew, Willy Brandt und Luigi Longo, welche 1968 gegen den Widerstand Max Reimanns und Walter Ulbrichts erfolgte.

3. *Maoisten.* Linker Partner im opportunistischen Schisma. Annahme, ein aufrechter Mut könne ökonomische Tatsachen wettmachen. Parteien: KPD/ML.

4. *Unabhängige Sozialdemokraten.* Derivat der praerevisionistischen Bebelschen SPD von 1917 bis 1922. Als Übergangserscheinung und theoretischer Zwitter zerfällt sie in SPD und KPD. Partei: USPD.

5. *Kommunistische Plattform,* der PDS nämlich. Aus bauernfängerischen Gründen 1990 ins Leben gerufen von drei Agenten der Konterrevolution, Lothar Hertzfeld, Fred Beuchel, Marian Krüger, gelang es ihr dennoch, sich zur Höhe einer USPD hinaufzuarbeiten, welche nun erst einmal UPDS heißen müßte.

6. *Sozialisten.* Alle sozialistischen Parteien haben dasselbe Herkommen und Wesen wie die USPD, nur daß sie sich länger halten. Das klassische Muster ist Mussolinis und Nennis Partito Socialista Italiano PSI.

7. *Bürgerliche Linke.* Uninteressiert an Marx und Lenin, aber glaubwürdige Antimilitaristen und Antifaschisten. Imperialismuskritik in der Art von John A. Hobson. Partei: Deutsche Friedensunion (DFU).

8. *Nationale Linke.* Zeitweiliges Phänomen in jungen Nationalstaaten. Imperialismuskritik in der Art des Mahdi. Kemalisten, Peronisten, Nasseristen. Parteien: Baath.

9. *Radikale.* Starke kleinbürgerliche Strömung in Frankreich auf den Spuren Voltaires, den deutschen Freisinnigen entsprechend. Müssen laut Lenin von der Revolution ausgeschlossen werden. Partei: Parti Républicain Radical et Radical-Socialiste.

10. *Trotzkisten.* Kommunisten mit dem Hauptzweck der Gegnerschaft gegen Stalin. Parteien: SAP, KAPD.

11. *Anarchisten.* Anhänger Bakunins und Kropotkins, Gegner Marx'.

12. *Neue Linke.* Für die CIA erdacht von Herbert Marcuse, lebhafter ephemerer Einfluß während der ersten Nachkriegskrise in den sechziger Jahren und des Akkumulationsbedarfs infolge der technischen Revolution. Zählt, wie Nrn. 10 und 11,

zu den Gruppierungen der 4. Internationale. Partei: Studenten-
bewegung.

13. *Terroristen.* Netschajewistische Genossen, die unbe-
schreiblichen, aber ganz überflüssigen Ärger anrichten und erlei-
den. Parteien: RAF, Bewegung 2. September.

14. *Mehrheitssozialisten.* Die Reste der Sozialdemokratie nach
Austritt der USPD. Ohne linke Neigungen. Der derzeitige Vor-
sitzende Gerhard Schröder gehört an den rechten Rand der FDP
oder gleich nach Brüssel. Merkwürdigerweise hat das Wort
Mehrheitssozialisten denselben Wortsinn wie das Wort Bolschewiki. Parteien: SPD, PDS.

15. *Individualkommunisten.* Kommunisten mit einem Schaden oder einem Puschel. (Ein Puschel in der Theatersprache:
stehende Narrheit.) Beispielsweise Hermann L. Gremliza, der
germanophob und ein Philosemit, in allem übrigen aber Kommunist ist. Ähnlich Georg Fülberth, Holger Becker, Gerhard
Branstner. Oft scharfsinnig, nur eben jeder Mann »in his
humour«. Für Parteien nicht geeignet.

Ruf zur Ordnung

Der Grund für die Unzufriedenheit und Gereiztheit vieler Linken liegt darin, daß sie, statt in ihrem jeweiligen Vereinsstübchen
nett beisammenzusitzen, sich an Orten aufhalten, wohin sie ein
sonderbares Schicksal sortiert hat. Sie heißen falsch. Sie taugen
dort nicht hin, wo sie sind.

Wieso sind Kurt Gossweiler und André Brie Mitglieder ein
und derselben Partei, in die sie beide nicht gehören? Was treiben Hans Heinz Holz und Ellen Weber in ein und derselben
Partei, in die sie beide nicht gehören? Warum ist Rolf Vellay in
der Partei, in die er immer wollte, nie angekommen? Ich verspreche mir von der Vorlage meines Natürlichen Systems keine
geringe Wirkung auf alle Betroffenen.

Nachdem der Hirsch von Adam erfahren hatte, daß er ein
Hirsch sei und die Ziege eine Ziege, hatte der Hirsch endlich aufgehört, die Ziege zu ficken.

KOMÖDIE VON KUNST, LIEBE UND POLITIK
Peter Hacks' »Margarete in Aix« in Basel uraufgeführt

In Basel wurde unter der Regie von Günter Fischer die 1967 veröffentliche Komödie »Margarete in Aix« des Ostberliner Dramatikers Peter Hacks uraufgeführt. In einer gestisch wie sprachlich wenig präzisen Einstudierung beeindruckte dennoch bis zur Pause die glasklare Transparenz des feingliedrigen Textes. Dann fielen Stück und Inszenierung ins Possenhafte ab, so daß der Gesamteindruck zwiespältig blieb.

Wir haben kein ungebrochenes Verhältnis mehr zur Geschichte. Der Historismus hat es uns unmöglich gemacht, geschichtliche Vorgänge einfach als Ausdruck unseres heutigen Selbstbewußtseins aufzufassen und darzustellen (wie Schiller das im »Tell«, Grillparzer im »Bruderzwist« noch tun konnten); das Mißtrauen gegen historische Größe, bei uns, den Opfern der Geschichte, überscharf entwickelt, erlaubt uns nicht mehr, diese als Paradigma zu fassen. Wo uns geschichtliche Ereignisse auf der Bühne dargeboten werden, muß deren Stoff so zersetzt sein, daß die historischen Gewänder als Verkleidung wirken, unter der ich und du erkennbar werden, allerdings so entrückt, daß uns das Wiedererkennen nicht in Vertrautheit einlullt, sondern nachdenklich macht. Das Historienstück ist allegorisch.

Mit der Methode der Allegorie baut Peter Hacks den Stoff seiner Komödie »Margarete in Aix« auf zwei Ebenen: als weit zurückliegendes Geschehen, das man objektivieren kann, und als Bild einer gegenwärtigen Problemstellung, die zum Engagement nötigt. Der gute König René hat in der Provence ein Reich der Kunst und des Lebensgenusses verwirklicht, das ihn zwar seinen expansiven Nachbarn gegenüber in immer größere Schulden stürzt, aber ihm selbst und seinem Volke ein glückliches Leben sichert. Seine Tochter Margarete, Witwe des englischen Königs Heinrich, der von Eduard IV. gestürzt und getötet worden war, sinnt auf Rache und Rückeroberung ihres Reichs; um ihres Ziels willen ist sie bereit, den Vater und seinen Friedensstaat an Karl den Kühnen von Burgund zu verkaufen, der ihr ein

Heer auszurüsten versprochen hat. Es kommt nicht soweit, denn Karl, Repräsentant der untergehenden Feudalordnung, fällt im Kampf gegen die Schweizer, der das bürgerliche Zeitalter eröffnende Ludwig XI. von Frankreich übernimmt von René die Provence, der historische Fortschritt ist gesichert, Margarete stirbt am eigenen Zorn, René darf seinen Musenhof weiter fortsetzen.

Das Stück ist aufgebaut über die Spannung zwischen Kunst und Politik, zwischen Lebensgenuß und Machtausübung. Die Position, die es vermitteln will, ist die einer hedonistischen Vernunft, eines heiteren Realitätssinns. Die Projektion in die Vergangenheit entbindet Hacks davon, die gesellschaftliche Basis seines Programms kenntlich machen zu müssen; er behandelt den historischen Fortschritt isoliert von seiner Utopie eines Reichs der Freude. Ein Leben in der Freiheit des Spiels gibt es nicht (außer für den wirklichkeitsfremden König René), aber die Kunst fällt als ein Glanz aus ferner Zukunft auf die Härte des gegenwärtigen Existenzkampfes und vergoldet die Mühsal, die noch nicht abgeschafft werden kann.

Die geschichtsphilosophische Konzeption, die sich in dem Stück ausspricht, ist von einer merkwürdigen Naivität und Inkonsequenz, die sich darin spiegelt, daß Hacks den Konflikt zwischen Kunst und Politik zum Schluß nur auf eine plumpe, weder sprachlich noch dramaturgisch gelungene Weise auflösen kann. Die Chance, aus der Position des Bauern (der den König auf einen Denkfehler aufmerksam macht) die Idee einer realistisch-kritischen Kunst als Korrelat der Klassengesellschaft zu entwickeln, in der Kunst dem Fortschritt nicht durch den versöhnenden Schein der Festlichkeit, sondern durch Ausbildung kritischen Bewußtseins dient, hat Hacks versäumt und so die Utopie der Realität unvermittelt gegenüberstehen lassen. Mir scheint, daß er den letzten Teil neu überdenken und schreiben müßte.

Die erste Hälfte der Komödie ist hingegen von einer faszinierenden Leichtigkeit. Es ist ein wahres Vergnügen zu hören, wie kunstvoll und ironisch distanziert Hacks das Versmaß handhabt, wie brillant er die Handlung exponiert, wie witzig er Figuren als Individuen charakterisiert und doch zugleich ihren typischen Stellenwert kenntlich macht, wie geschickt er kunstpolitische Sentenzen einflicht, die sich auf die konkrete Situation in der DDR beziehen. Der Komödienautor Macchiavelli könnte hier zuweilen Pate gestanden haben. Die Verfeinerung des Aesthetizismus der Trobadors und die burleske Derbheit realer Situationen und der ihnen entsprechenden Sprache kontrastieren aufs köstlichste. Über weite Strecken übernimmt die Nebenhandlung, die die Wirkungslosigkeit der Kunst in der Impotenz der Künstler persifliert, zum Nutzen der Komödie die Führung.

Leider wurde die Aufführung der Leichtigkeit des Tänzerisch-Spielerischen bei Hacks keineswegs gerecht. Die Trobadors (Adolph Spalinger und Kurt Fischer-Fehling) gerieten zu gestelzt, der König René (Michael Rittermann) hatte einen starken Einschlag von Dürrenmatts Romulus, der Margarete (Regine Lutz) fehlten die Abstufungen, sie spielte einfach geballte Rachsucht. Peter Matic und Johannes Peyer repräsentierten die niedere Sphäre der Spielleute ausgezeichnet, und Hilde Ziegler, reizvoll anzuschauen, verwandelte die passive Rolle der liebesfrohen Dame Auriane durch ein gerüttelt Maß Koketterie in charmante Aktivität. Das ingeniöse Bühnenbild Thomas Richter-Forgachs sei hervorgehoben.

Hans Heinz Holz

SCHULMEISTERLICHER AMPHITRYON
Im Zürcher Schauspielhaus: Angelika Hurwicz
inszeniert Peter Hacks

Der Amphitryon-Stoff ist seines mythologischen Gehalts wegen – Einbruch des Göttlichen in die Menschenwelt – vielfach deutbar und immer wieder ausgedeutet worden. Die Liebschaft Jupiters mit Alkmene in der Gestalt ihres Gatten erlaubt die Konfrontation von Ideal und unvollkommenem Menschen, die Überhöhung des Verwechslungsspiels und der Dreiecksgeschichte, die Darstellung menschlicher Schwächen und Deformationen, den Lobpreis der sinnlichen Liebe, die im Gott eine geistige Macht wird. Sie läßt sich als Situationskomödie oder als Charakterkomödie, als Schwank oder Parabel darstellen.

Peter Hacks hat sich für die Parabel entschieden. Doch das wird erst am Schluß erkennbar, wenn er, wie es die parabolische Form fordert, die Lehre aus der Fabel zieht, in einer etwas lang geratenen Szene, in der Jupiter und Amphitryon um das Verhältnis von Ideal und irdischer Notwendigkeit sich auseinandersetzen. Alkmene bleibt dabei ziemlich unbeteiligt und wird schließlich einer unzufriedenen, unbefriedigten Ratlosigkeit überlassen; da besagt das eine vieldeutige »Ach«, mit dem sie bei Kleist die Zweideutigkeit des Geschehens festhält, mehr als der ganze Dialog der Schlußszene bei Hacks.

Es kommt der Komödie zugute, daß ihr Parabelcharakter erst am Ende hervortritt. Zuvor überwiegt das Spielerische, vor allem auch dank der eleganten Leichtigkeit, mit der Hacks – ein einmaliger Fall in der deutschen Gegenwartsliteratur – den klassischen Blankvers als Dialogsprache handhabt. Nirgends und niemals wirkt die gebundene Rede gezwungen, unnatürlich; im Gegenteil, sie artikuliert den Gedanken locker und treibt ihn voran. Wenn Hacks notiert: »Das heute Veraltete im Plautus liegt darin, daß er an die griechischen Götter glaubte, das heute Veraltete an Kleist liegt darin, daß er nicht an sie glaubte« – so entzieht er selbst sich diesem Dilemma durch den Vers. Die Mythologie gewinnt, stilisiert, als Metapher Realität, ohne als

Realität geglaubt werden zu müssen. So kann Hacks sein Problem, die reine Menschlichkeit und das Menschlich-Allzumenschliche in einem artifiziellen Experiment als Spiel entwickeln.

Das heißt: an die Inszenierung sind bestimmte Anforderungen gestellt. Jupiter muß den Glanz, die gesteigerte Intensität eines Gottes haben, Alkmene den Charme einer liebenswerten Frau, die unter dem Getroffensein von ungewohnter Liebeserfahrung aufblüht. Die Spielführung muß so angelegt sein, daß die parabolische Quintessenz nicht aufgesetzt wirkt. Der Leichtigkeit des Verses muß die Leichtigkeit der Darsteller entsprechen. Die verlängerte Nacht muß etwas Zauberisches haben, einen Einschlag von Sommernachtstraum; das Spiel ist der Zeit entrückt.

Diesen Postulaten ist die Zürcher Inszenierung von Angelika Hurwicz nicht gerecht geworden. Daß sie überhaupt vergnüglich war, ist dem Stück zu danken. Bei den Darstellern überwog eine trockene Pedanterie – ein Lehrerkollegium auf dem Parnaß. Weithin geht dieser Eindruck zu Lasten von Werner Bruhns (Jupiter), der so ohne Feuer war, daß er selbst eine vorzügliche Schauspielerin wie Renate Schröter (Alkmene) nicht zur Liebe zu entflammen vermochte; diese hatte daher ihre großen Augenblicke nur da, wo sie den emanzipatorischen Gehalt ihrer Rolle ausspielen konnte. Jodoc Seidel machte aus dem Merkur eine niedere Dienerfigur, eine Art dumm-besserwisserischen Hampelmann, während er doch mit Lust der Gott der Diebe, Lügner und Betrüger zu sein hat. Eine Schlüsselfigur ist Sosias, der kynische Philosoph, dialektische Negation Amphitryons. Rudolf Wessely gab ihm zwar alles, was zum Bild eines Diogenes gehört, aber zu wenig von dem souveränen Schalk, kraft dessen er als Korrektur der großen Welt ins Spiel gebracht wird. Peter Ehrlich schließlich (Amphitryon) war am Anfang zu plump, als daß ihm am Schluß die Einsicht zuzutrauen wäre, die er über seine eigene Lage äußert.

Hans Heinz Holz

Hans Heinz Holz
EIN REALALLGEMEINES INDIVIDUUM
Peter Hacks zum 70. Geburtstag

Peter Hacks wird 70. Ich habe leichtsinnigerweise zugesagt, zu diesem Anlaß etwas zu schreiben. Ich dachte, ich kenne seine Essays, die meisten seiner Stücke, habe ihn persönlich kennengelernt. Nun merke ich: Ich kann über ihn nicht schreiben; er entzieht sich.

Man kann Peter Hacks lesen und viel daraus lernen. Man kann sogar akademischen »Quaserblod« über ihn schreiben und wird, weil er so viel hergibt, Respektables und vielleicht Nachdenkenswertes zu Papier bringen. Aber siehe da: Im einen wie im anderen Falle ist Hacks einem bereits entwischt. Hält man sich an das, was er mitteilt, hat man schon haarscharf an ihm vorbeigesehen. Das ist nicht mehr, als hätte man bei einem Pistolenduell einen Streifschuß erhalten; der wirkliche Hacks zielt mitten ins Herz oder besser: mitten in die Stirn.

Ich kenne kaum eine schönere Poetik des Gedichts als seine »Rechtfertigung gegenüber Belinden«. Warum? Er sagt doch kaum etwas, was ein Liebhaber von Gedichten nicht wüßte oder fühlte. Aber wie er es sagt! In diesen Kunstbriefen, die keine sind, deren Bekenntnisse sich in Dialoge auflösen, deren Adressatin zierlich umspielt wird mit Worten, die, träten sie aus ihrer Form heraus, pathetische Donnerworte wären — in diesen Briefen ist Hacks, im elegantesten Rokokokostüm, verletzlich nackt. Mich kommt die mir ungewohnte Zärtlichkeit an, ihn mit dem halben Mantel des heiligen Martin zu bedecken.

Hacks schreibt Einsichtsvolles über Dichtung, über das Drama im Besonderen. Was er sagt, hat einen hohen Allgemeinheitsgrad, es scheint als seien es unumstößliche Gattungsgesetzlichkeiten. Damit läßt sich arbeiten, vielleicht als Schriftsteller sicher als Kritiker.

Weit gefehlt! Will man mit Hacks Maßstäben messen, fällt mehr als die Hälfte der theatralischen Weltliteratur durch. Und doch hat Hacks recht. Er spricht von sich, von seiner Machart in einer Weise die dem Gültigkeit gibt über seine Person hinaus. Er ist ein realallgemeines Individuum. –

Hacks fordert solche Paradoxe heraus, die nur der gesunde Menschenverstand (die dümmste Form der Verstandesbetätigung) für Unsinn hält. Ein echtes Paradox ist eine dialektische Denkfigur. »Der fliegende Pfeil ruht«. So zeigte Zenon, daß die triviale Identitätslogik A=A der Wirklichkeit unangemessen ist Das Einzelne ist das Allgemeine — Hegel und Lenin haben es uns eingeschärft.

Hacks hat einmal seine Abneigung gegen Paradoxe bekundet. Das ist natürlich Koketterie. Die gehört überhaupt zu seinen Stilmitteln, und er setzt sie bevorzugt ein, wenn er einen Gegner (oder einen Freund, man kann das nicht immer so genau unterscheiden) in Verlegenheit bringen will. Denn wie soll man auf eine kokette Relativierung reagieren, wenn man ahnt, daß in ihr die Absolutheit eines vergifteten Pfeils versteckt ist?

Das hat Hacks den Ruf der Arroganz eingetragen. Zu unrecht meine ich. Er hat Freude an der Kultiviertheit kontroverser Gespräche in den Salons der Aufklärung, und er besteht — das ist seine schriftstellerische Pflicht — auf der treffenden Genauigkeit des Worts. Sicher hätte er besser in den Zirkel der Madame Necker gepaßt, als in die Jahresversammlung des Schriftsteller-Verbandes. Und seit zehn Jahren wissen wir, daß das auch die bessere Gesellschaft gewesen wäre.

Hacks entzieht sich der Beschreibung. Was über ihn gesagt ist, umspielt ihn nur. Einen Fixpunkt gibt es allerdings, und um ihn herum ordnet sich die verwirrende Vielfalt der Aspekte. Hacks ist Sozialist, und er ist es, unbeschädigt von allen Anfechtungen und Niederlagen geblieben. Er ist zu klug, als daß er einst Funktionärsdummheiten, unter denen er zu leiden hatte, der Sache des Sozialismus jur Last gelegt hätte, oder heute den Kommunismus für erledigt halten würde, nur weil die Kapitalmächte einen Sieg errungen haben. De Gaulle war es, der 1940 nach der Kapitulation vor Hitler Deutschland sagte: »Frankreich hat eine Schlacht verloren, es hat nicht den Krieg verloren.« Die Waffen des Dichters brauchen nicht stumpfer zu werden, wenn die politischen Verhältnisse widrig sind. »Der Kern der Erkenntnis ist Moral«, schrieb Hacks 1977. Moral kennt keine Wendigkeit des Halses, eher schon den Strick, dem sie den Hals hinhalten muß; und Wendehälse kommen nie zu Erkenntnissen. Hat ist ein Moralist, wenn er das auch weit von sich weisen wird; ein Moralist aus Vernunft, weil er ganz im emphatischen Sinn des Wortgebrauchs, einen Begriff von der Geschichte hat.

Das alles ergibt ein Vexierbild. In dessen arabesk verschlungenen Linien sind vielleicht die Umrisse von Petet Hacks zu finden. Das mag ihm gefallen, denn er ist ja ein Meister der Schnörkel, nicht aus Manierismus, den er verachtet, sondern wohl als Antidot gegen die platte Mittelmäßigkeit, mit der er sich ein Leben herumschlagen mußte. Er sollte übrigens nicht meinen, daß das sein privates Schicksal ist. Mittelmaß herrscht überall, eben weil es eine statistische Wirklichkeit ist. Der Sozialismus, den er und ich erstreben, kann auch nur das Mittelmaß bestätigen; aber er kann, wird und muß — auch durch die Kunst — das Ausgangsniveau so heben, daß wir von den Hochebenen auf die Niederungen des Sumpfdeltas herabschauen, die wir hinter uns gelassen haben... Sonst steht zu befürchten, würde die Menschheit in den Sümpfen ersticken.

Hans Heinz Holz
AUTORITÄT, VERNUNFT UND FORTSCHRITT
Reflexionen zur scholastischen Methode

Für Peter Hacks zum 70. Geburtstag

Argumentation in medieval philosophy is based upon the quotation and interpretation of canonical authorities, i.e. the bible and the church fathers. Since Abelard's *Sic and Non* and *the Liber Sententiarum* of Petrus Lombardus philosophers become aware of contradictions between classical authorities. A new concept of establishing truth by solving controversial points through natural reason (which often means Aristotelean logic) gets its literary form in the *quastio disputata*. Here begins the transformation of the idea what education means and how knowledgy is constituted.

I.

Das ›Originalgenie‹ ist eine Erfindung der Romantik. Wohl hat der Genie-Begriff schon im Sturm und Drang seine Funktion als antropologisch-ästhetische Kategorie bekommen; die exzessive Selbstüberhöhung des Ich – und natürlich immer zuerst des eigenen – ist ein romantischer Gestus. Friedrich Schlegel spricht von den »seltenen Genies«, jedes »ein System für sich, daß also kein Genie ein anderes versteht«, »durch göttliche Ansteckung« erleuchtet[1], und er meint dabei letztlich stets sich selbst.

Man könnte diese Tatsache fast als ein Zeugnis romantischer Ironie auffassen, waren doch die Romantiker mit ihrem Sehnen und Trachten dem Mittelalter zugewandt, in dem die individuelle Originalität sich nur zaghaft unter dem Schutzmantel der Väterautoritäten zu bekunden wagte und keinesfalls als ein Ausweis von Tiefgründigkeit oder als ein Vehikel der Wahrheitsfindung galt. Vernunft und Fortschritt waren bis zum Ausgang des

13. Jahrhunderts verpflichtend in eine Tradition eingebunden, dem originellen Einfall wurde kein höherer Erkenntniswert beigemessen, das abweichend Besondere war eher verdächtig, Häresie und Teufelswerk zu sein.

Auch die folgenden Jahrhunderte, in denen die Orientierung an den apriorischen Strukturen der Vernunft dominierte, geben zwar dem ästhetischen Vergnügen am originellen Spiel Raum, ohne daß jedoch die Beliebigkeit der Originalität[2] einen Erkenntniswert beanspruchen konnte. Hatte die Philosophie das Joch der Autoritäten abgeschüttelt, so unterwarf sie sich nun dem Geist der Rationalität, deren Kriterium nicht die Originalität, sondern die Allgemeinheit des Gedankens ist; und unter dieser Klausel konnten auch die traditionellen Autoritäten noch ihre Recht einfordern; nicht in erster Linie, weil sie eine Stelle in der Überlieferung hatten, sondern vor allem, weil sie auf einem hohen Niveau theoretische Reflexion vermittelten.[3]

Der Denkstil der Moderne ist kritisch; Argumente und Meinungen werden im Blick auf ein Problem rezipiert und geprüft. Im platonischen Dialog, in der aristotelischen Methode der Untersuchung konnten die Modernen ihre Erkenntnishaltung wiederfinden. Humanisten und Renaissance-Denker haben das in der Antike als *affin* empfunden und aufgenommen, was ihrem eigenen Zugriff auf die Wirklichkeit gemäß war.

Doch die großen Problem-Denker Platon, Aristoteles, Plotin repräsentieren nur die eine Seite der antiken Tradition. Pierre Hadot hat überzeugend gezeigt, wie aus dem Lehrbetrieb der Philosophenschulen die Denkform des Kommentars hervorging, die die Entwicklung des eigenen Gedankens an vorgegebene Texte knüpfte: *legere librum illi* oder *epanagignoskein*.

Am Ende der Antike wird die Herausbildung des Philosophen vor allem durch den Textkommentar gewährleistet. [...] Es gab eine Literatur, die nicht forscht, sondern darstellt.[4]

An diesem Typus der Erkenntnisgewinnung haben sich die Denkenden während der anderthalb Jahrtausende zwischen den Kirchenvätern und Descartes orientiert.⁵ Nicht mit dem Blick auf Probleme wurden Meinungen geprüft, sondern mit dem Blick auf feste, geltende Auffassungen wurden Probleme entwickelt.

Dieser Denkstil ist dogmatisch – und das Wort hat in Zeiten des Pluralismus und der Beliebigkeit des Meinens einen schlechten Klang bekommen. Das sollten wir, wenn wir der Sache näherkommen wollen, schnellstens vergessen. Ein Dogma ist nichts anderes als ein Theoriegebilde, das sich durch eine hohe Konsistenz seiner Bestandteile, durch eine stimmige und schlüssige Konstruktion und durch die Fähigkeit zur Integration fremder Elemente durch Assimilation (Interpretation) auszeichnet. Es gibt keine Kultur, die nicht auf dogmatischen Voraussetzungen und Vorgaben beruhen würde; das eben ist ihr Traditionsbestand, das ›Klassikerzitat‹ sein Indiz. Sind die Grundlagen einer Weltanschauung einmal gültig formuliert, so kann auf diese Formulierungen immer wieder Bezug genommen werden. Es hätte keinen Sinn, sie um der individuellen Originalität willen stets auf neue zu reformulieren. Sie sind indessen als Bedeutungen deutungsfähig.

In dieser Einstellung realisiert sich ein Bildungsideal, das von der Spätantike bis zur deutschen Klassik verbindlich geblieben ist. Bildung ist ein Kontinuum von Formprägungen, die über einem Boden von Konstanten sich anreichern, vertiefen, modifizieren, verändern: »Geprägte Form, die lebend sich entwickelt«, sagte Goethe in den »Urworten orphisch« unter dem Titel *Daimon*. Es war der Vater des abendländischen Bildungswesens, Cassiodor, der an den Anfang seiner Programmschrift über die Gliederung des Studiums *De institutione divinarum scripturarum* die Ermahnung stellte:

Es kann geschehen, daß durch die alten Lehrmeister bewirkt wird, was durch die neueren nicht reicher erfüllt werden kann. Darum möge es euch genügen, was die hochgelehrten Erklärer vorgetragen haben: Wer sich darauf stützt, beweist, daß er der Fülle der Lehre mächtig ist. Ihr wäret nämlich auch vortrefflicher, wenn ihr euch nicht in angemaßter Neuheit erprobtet, sondern an den Quellen der Alten Genüge fändet.[6]

Seit dem späteren Altertum kennt man einen Kanon verbindlicher Autoritäten in Literatur, Theologie; aber neben einen festen Bestand an ›Pflichtlektüre‹ treten von Jahrhundert zu Jahrhundert neue Namen ergänzend zu den alten oder einige von ihnen ablösend.[7] Tradition und Erneuerung greifen ineinander, aber nie mit dem Programm des Traditionsbruchs[8], gar der Dekonstruktion. Waren einmal Texte als kanonisch in das Bildungssystem eingegangen, so hätte ihre Entwertung eine Zerfällung der geistigen Ordnung bedeutet. Wo Perspektiven- und Normenwandel sich vollzog, wurden Autoritäten *neu gedeutet*. Nicht Innovation, sondern Interpretation war der Modus, in dem die historische Veränderung zutage trat. Eine alte Sache erscheint in neuem Licht. Der das Licht auf sie fallen läßt, ist aber stets bemüht, sie als die alte Sache festzuhalten. So reißt der Faden nicht ab, auch ohne daß man sich seiner Geschichtlichkeit bewußt zu sein braucht. Wer das nicht begreift, verstellt sich den Zugang zur Scholastik – aber nicht nur zu ihr, sondern zur Bedeutung von Tradition überhaupt. Selbst der dekonstruktivistische Adorno kommt nicht umhin einzugestehen, es habe »objektiv die Geschichte weiter Macht über alles, was ist und worin sie einsickerte«.[9] Verdrängung der Autoritäten ist verhängnisvoller als ihre Aneignung. Was Adorno eine Antinomie nannte, nämlich »das kritische Verhältnis zur Tradition als Medium ihrer Bewahrung«[10], ist die geschichtliche Dialektik der Kultur.

II.

Eine mit methodischer Strenge betriebene Interpretation ist das Charakteristikum (und auch das notwendige Erfordernis) von Schriftkulturen, die ihr Selbstverständnis auf heilige, das heißt unantastbare Texte gründen. Sind einmal Sätze als Worte Gottes oder Verkündigung des Gottesworts anerkannt und schriftlich festgelegt, so bilden sie einen unhintergehbaren Bestand ewiger Wahrheiten, an dem nicht zu rütteln und zu deuteln ist. »Das Wort sie sollen lassen stahn«, heißt es im Kirchenlied Luthers. In hierarchischer Abstufung folgen auf den Verkündiger des authentischen Gotteswortes diejenigen, die als von Gott erleuchtet gelten: Propheten, Heilige, Kirchenväter[11], wozu in Zeiten religiöser Unruhe inspirierte Sektengründer hinzukommen, die partiell – in ihren Gemeinden – die Nachfolge des Religionsstifters antreten oder authentische Schriftdeutungen beanspruchen.[12]

Schriftgelehrsamkeit, die sich an sakrosankten Texten übt, findet sich daher als Medium kultureller Identität und als Kern der Bildung paradigmatisch in Judentum, Christentum und Islam. Die Tora-Schulen, die frühmittelalterlichen Kloster- und Kathedralschulen und die Koran-Schulen haben analoge Strukturen des Lernens und des Lernstoffs. Die Fixierung auf die Unumstößlichkeit der Autoritäten findet ihren Ausdruck in den zahlreichen Sammlungen autoritativer Sentenzen und Lehrmeinungen, die nicht den argumentativen Gedankengang darstellten, sondern das gültige Ergebnis extrahierten. Die Kompilatoren dieser Florilegien pflegten ausdrücklich zu betonen, daß sie an ihren Quellen keine Veränderungen vornahmen.[13] Diese Hervorhebungen haben in einer von den Forderungen der Textkritik noch ganz unberührten Zeit nur dann einen Sinn, wenn die zusammengestellten Texte als fraglose Wahrheiten und Lebensorientierungen angenommen wurden.

Nun ist jedes Schriftwort von der geschichtlichen Lage und den besonderen Umständen seiner Entstehung geprägt. Wäre es auch Gottes Wort selbst, so doch immer gesprochen durch den Mund des Propheten, des Künders, des Erleuchteten. Besonders in Gesetzesreligionen, in denen die Schriftworte das Verhalten der Menschen in der Gesellschaft regeln, macht sich mit zunehmendem Abstand von der Entstehungszeit (oder von der gesellschaftlichen Eigenart des Entstehungsorts) die Differenz zwischen den tatsächlichen Lebensverhältnissen und dem wörtlichen Sinn von Ge- und Verboten bemerkbar. Es erweist sich die historische Relativität der positiven Religion, des fixierten

Worts. Um anwendbar zu sein, muß geklärt werden, was ein Wort, ein Satz meint. Das Bedürfnis nach Glossierung und Kommentar entsteht.[14] Damit bildet sich eine literarische form aus, die zugleich Kontinuität und Bruch im Wandel der Zeit zu vermitteln vermag.[15] Bildung als selbständige Aneignung von Überlieferung bekommt damit ein Gefäß.

Die schnelle Expansion des Islam, der innerhalb eines Jahrhunderts den Osten und Süden der alten Welt von Persien bis Spanien eroberte und staatlich organisierte, ließ das Problem der Anpassung des Prophetenworts an eine andere gesellschaftliche Wirklichkeit schon bald akut werden. Der Koran, in einer relativ primitiven Gesellschaft von Nomaden und kleinen Händlern entstanden und auf sie zugeschnitten, sollte als Gesetzbuch hochzivilisierter spätantiker Reiche (die auf den Verkehrs- und Verwaltungsstrukturen der Diadochenstaaten und des römischen Reiches aufbauten), volkreicher Städte und komplexer Wirtschaftsbeziehungen fungieren.[16] Da waren Konflikte zwischen wörtlichem Textverständnis und situationsgerechter Auslegung unausweichlich. Die islamische Legastik hatte sich darum früh mit Fragen der Hermeneutik zu befassen.

Das Gotteswort und seine dialektische Auslegung flossen sozusagen ineinander.

> Das arabische Wort *Kalam* hatte zwei Hauptbedeutungen: einmal die des Wortes Gottes, [...] zum anderen die der Methode vernünftigen Argumentierens.[17]

Dieser zweite Aspekt wurde unter den Bedingungen der islamischen Großreichsbildung immer wichtiger. Tradition konnte ja nicht auf das im Koran niedergelegte Prophetenwort, auf die Autorität Mohammeds beschränkt bleiben. für seine Auslegung war zunächst der einstimmige Konsens der Gefährten des Propheten *(igma)* maßgebend, später wurde *igma* in einem weiteren Sinn als Übereinstimmung der Schriftgelehrten oder gar überhaupt aller Moslems verstanden. Als zweites Prinzip der Exegese trat dann aber die Analogie *(qujas)* hinzu, die »extensive Interpretation von existierenden Rechtsregeln in Beziehung auf verschiedene konkrete Fälle.«[18] Und wo die Analogie nicht ausreichte, wurde die Entscheidung gemäß dem unter den gegebenen Umständen Bestmöglichen *(istihsan)* zugelassen. So blieb die Berufung auf Überlieferung und Autoritäten flexibel, Vernunftgründe des Urteilenden unter Gesichtspunkten der Billigkeit (ra'j) amalgamierten sich mit den feststehenden Schriftworten. Die Koran-Texte und der Usus Mohammeds – die *sunna* – wurden so immer mehr erweitert, ohne daß ihre Autorität in Frage gestellt zu werden brauchte.[19] Natürlich ergaben sich aus dieser Praxis kontroverse Schulrichtungen der Interpretation. Dem politisch imperialen Charakter der islamischen Expansion trugen die Hanefiten Rechnung[20], die der Analogie und der Billigkeit einen weiten Spielraum gestatteten. Demgegenüber vertraten die Malekiten[21] das Prinzip größtmöglicher Bindung an das geschriebene bzw. durch die mündliche Tradition der Gefährten des Propheten *(hadith)* verbürgte Wort.

So entstand frühzeitig in der islamischen Welt eine Diskussionskultur, die auch autoritativ geltende Glaubensinhalte dem argumentativen Denken aussetzte, ja unterwarf.[22] Über Spanien und das normannisch-staufische Sizilien, wo eine ›Kohabitation‹ von Islam und Christentum praktiziert wurde, drang diese Einstellung zur Überlieferung auch in das christliche Abendland vor. Zu den Florilegien, die das unbezweifelbare Bildungsgut vermittelten, gesellten sich die Kommentare zu biblischen, patristischen und antiken Texten.[23]

In der Folge vollzog sich im europäischen Mittelalter mit dem 12. Jahrhundert ein entscheidender Stilwandel im Verfahren der Interpretation. Ausdruck dieses Stilwandels sind die *Libri Sententiarum* des Petrus Lombardus, deren durchschlagende und langandauernde Wirkung wesentlich dazu beigetragen hat, daß die neue Denkhaltung sich durchsetzen konnte. Alle bedeutenden Theologie- und Philosophie-Lehrer verfaßten Kommentare zu diesen Sentenzen-Büchern, an der Pariser Artistenfakultät wurde man zum ›Baccalaureus formatus‹, also zum anerkannten Hochschullehrer, erst nach zwei Jahren Vorlesungen über die

Sentenzen des Lombardus. Bis in die Reformationszeit setzte sich der Brauch fort, seine akademische Qualifikation an der Kommentierung des *Sentenzen*-Buches zu schulen und zu bewähren.[24] In Tausenden von Zitaten aus der Bibel und den Schriften der Kirchenväter ist hier das dogmatische Gefüge der christlichen Lehre ausgebreitet, gegliedert unter die vier Hauptgesichtspunkte der Lehre von Gott, von der erschaffenen Welt, von Christus und von den Beziehungen der Menschen zu Gott, also unter systematischen Aspekten der Klärung der zentralen Glaubensartikel.

Zweifellos war Petrus Lombardus kein origineller Denker; weder seine Methode noch seine Systematik sind innovativ. Methodisch knüpfte er an Abaelard an, in der universalistischen Systematik an Magister Roland (den späteren Papst Alexander III.)[25] und an Hugo von St. Victor.[26] Was ihn so beispielhaft für die Folgezeit machte, war seine weit ausgreifende Gelehrsamkeit, die es ihm erlaubte, das gesamte dogmatische Bildungsgut der christlichen Überlieferung in seine Erwägungen einzubeziehen. *Sentenzen*-Bücher, in denen die Lehrmeinungen einzelner Autoritäten oder einiger maßgeblicher Kirchenväter zusammengestellt waren, gab es auch sonst[27]; sie waren »enzyklopädische Resümees der christlichen Dogmatik, […] eine Mischung theologischer und philosophischer Stoffe«, die dem »Bedürfnis nach Klassifikation und Organisation angesichts der Masse angesammelten Materials« dienten.[28] Aber sie waren eher ein autoritätsgestützter, zitierfreudiger Lehrvortrag wesentlicher Bestandstücke des christlichen Glaubens als eine wirkliche kritische Exposition der in der Überlieferung und in den Problemen selbst liegenden Aporien.[29] Letztlich blieb es bei den von Augustinus vorgezeichneten Lösungen. Die christliche Weltanschauung hatte sich über einem Fundus von geltenden Lehrsätzen und abgesichert durch einen immer wiederholten Schatz von Bibel- und Väterzitaten etabliert. Auf ihn zurückzugreifen war einfacher und auch sicherer gegenüber dem Vorwurf von Häresien, als die Ausbildung eigenständiger Begründungsschemata; es bekundete sich darin auch positiv die Verwurzelung in einer lebensordnenden und weltbildkonstituierenden Kultureinheit, die von den Glaubensinhalten der Massen bis zu subtilen Klerikerdiskussionen reichte und darum auch durch bischöfliche, synodale und päpstliche Dekrete in geregelten Bahnen gehalten werden konnte. Nicht die Individualismen der Selbst-Denker, sondern die Verbindlichkeit von Weltanschauungsnormen bestimmten die Inhalte der Bildung als Verhaltensregeln. Auch die abstraktesten Fragen der Theologie – nach dem Wesen Gottes, nach der Trinität, nach der Inkarnation usw. – wurden immer noch auf die Lebenspraxis bezogen und fanden ihr Widerlager in den Fragen nach Sünde und Rechtfertigung, nach Verdienst und Gnade, nach der gerechten Verfassung des weltlichen *ordo*.[30]

Den Wandel im Verhältnis zu den Autoritäten bewirkte Abaelard. Er war der eigentliche Reformator der scholastischen Methode, der den Übergang von der an kanonische Texte gebundenen Frühscholastik zur fragenden und argumentativen Hochscholastik bezeichnet.[31] Abaelard hat in seiner berühmten Schrift *Sic et non* zum erstenmal die logischen Widersprüche zwischen den sakrosankten Texten der Autoritäten (Bibel und Kirchenväter) kenntlich gemacht und eine Entscheidung aus Gründen gefordert.

Abaelards Sic et non ist eine Kompilation von anscheinend sich widersprechenden Texten aus Schrift und Vätern über 150 wichtige theologische Fragen. Der methodologische Schwerpunkt dieser Schrift liegt auf dem Prologus, welcher die Regeln für einen Ausgleich dieser sich widersprechenden auctoritates gibt.[32]

Dabei geht es um:
1. Feststellung der Authentizität von Zitaten durch Quellenkritik;
2. Analyse der historischen Umstände, die die Funktion eines klassischen Satzes erhellen;
3. Feststellung des dogmatischen und logischen Rangs eines Lehrsatzes;

4. semantische Analyse der Wortbedeutungen;
5. Prüfung der Entscheidungsgründe für die Richtigkeit welches Lehrsatzes bei unauflösbaren Widersprüchen.

Aus dieser Zusammenstellung ist ersichtlich, daß – in den Punkten 1 bis 4 – Abaelard durchaus an der Verpflichtung des Respekts vor den Autoritäten festhält und Widersprüche durch literarkritische Methoden auszuräumen sucht; das allerdings ist schon eine ›moderne‹ Einstellung, weil sie zur Historisierung und Relativierung der Überlieferung führen muß. *Revolutionär* ist jedoch erst Punkt 5, der sich auf das Postulat stützt, »daß die literarische Überlieferung (Gattung) nicht mit der Notwendigkeit zu glauben, sondern mit der Freiheit zu urteilen gelesen werden muß.«[33]

Die Bereitschaft, sich auf das eigene Urteil gemäß den universell geltenden Regeln des Denkens, der Logik, zu verlassen, ist neu – und ganz und gar singulär war es, dies programmatisch auszusprechen.[34] Auch wenn man nach dem Vernichtungsfeldzug des Bernhard von Clairvaux gegen Abaelard und nach dessen zweimaliger Verurteilung auf den Konzilen von Soissons 1221 und von Send 1241 der Radikalität seiner Konsequenz nicht zustimmen mochte, so waren die Theologie und Philosophie der Folgezeit doch herausgefordert, die von ihm aufgedeckten Widersprüche in der Tradition so zu verarbeiten, daß die Einheit der Weltanschauung in ihren Grundlagen nicht zerfällt wurde. Ein neuer Typus von Bildung, der nicht mehr in der Orientierung an und der Organisation und Anwendung von gesicherten Wissensbeständen Genüge fand, sondern in der kritischen Prüfung des Überlieferten sich entwickeln und bewähren mußte, wurde dadurch heraufgeführt.

Petrus Lombardus war es, der das Medium dieses Übergangs bereitstellte – und dies erklärt seine außerordentliche Wirkung. Seine Sentenzen-Sammlung war zugleich ein systematisiertes Kompendium der klassischen theologischen Lehrmeinungen und der zwischen ihnen bestehenden Widersprüche und eine Anleitung zur rationalen Behandlung dieser Widersprüche und überhaupt der Dogmen nach dem Muster der *sic-et-non-Methode*.[35] Die theoretische Konzeption war also zugleich konservativ, indem nie der Boden der autoritativ verbürgten Doktrin verlassen wurde, und ›modern‹, insofern die *solution*, die Auflösung der Widersprüche, dem zu begründenden Urteil des Autors übertragen wurde.[36] Mag Petrus Lombardus selbst oft auch wenig tiefgründige, philosophisch schwache, halbherzig-laue Kompromisse für Problemaporien angeboten haben – seine entscheidende Leistung besteht darin, daß er das argumentative Denken zum Richter im Streite machte und so den Weg für Autoren von größerer denkerischer Kompetenz bahnte. Wahrscheinlich hat gerade seine eigene vorsichtig versöhnlichere Haltung sein Werk zu einem Basistext der Hoch- und Spätscholastik werden lassen, weil von ihm, anders als von Abaelards kämpferischen Schriften, Gebrauch gemacht werden konnte, ohne daß man sich sogleich ins Lager der Heterodoxie oder gar der Häresie begeben mußte.

Noch in einer zweiten Hinsicht ist Petrus Lombardus »modern«. Er unterscheidet zwischen den »Sachen selbst« *(res)*, welches sind Gott, die geschöpfliche Welt und Christus (oder die Gegenstände der Theologie, Kosmologie und Christologie) und den »Zeichen« *(signa)*, durch die die Beziehungen der Menschen in ihrer Diesseitigkeit zur Transzendenz ausgedrückt und geregelt werden, eben die Sakramente. »Das Sakrament ist ein Zeichen der heiligen Sache.«[37] Die logischen Differenzierungen der Zeichentheorie kann Petrus Lombardus mit einer ontologischen Interpretation verbinden, in der er das *sacrum signans*, das bezeichnende Heilige, und das *sacrum signatum*, das bezeichnete Heilige – also *res* und *signum* – unterscheidet und so den nominalistischen Charakter des Zeichens mit dem realistischen Sinn des Bezeichneten verbindet: »Wir sagen dennoch, daß das Sakrament ein bezeichnendes Heiliges und ein bezeichnetes Heiliges sei; hier aber handelt es sich um das Sakrament, insofern es ein Zeichen ist.«[38]

III.

Mit der *sic-et-non-Methode*, mit der Unterscheidung von *res* und *signum*, mit der Anerkennung der Geltung logischer Prinzipien auch für die Willenshandlungen Gottes[39] sind die Voraussetzungen geschaffen, die eine neue Einstellung zur Überlieferung und zu den Autoritäten begründen. Jetzt konnte die *quaestio* zur literarischen Gattung der theoretischen Auseinandersetzung und des Fortschritts werden. Die *quaestio* ist nicht, wie man aus moderner Sicht mutmaßen könnte, die Befragung eines *Sachverhalts* auf seine Eigenschaften und Formbestimmtheiten, sondern die Befragung von *Problemlösungen* zu einem vorgegebenen Problem. Dieses hat seinen dogmengeschichtlichen Ort, ist also in der Tradition, im Zusammenhang der Lehre verwurzelt. Die zur Diskussion gestellten Problemlösungen werden den *auctoritates* entnommen; auch die Befragung geschieht auf dem Boden der Tradition. Nun aber ist dieser Boden unsicher geworden. Die Traditionsgehalte erweisen sich als widersprüchlich, zum mindesten als inhomogen. Der Fragende ist herausgefordert, zwischen gegensätzlichen Antworten eine Entscheidung zu treffen und sie zu begründen. Die Vernunft beansprucht das recht, die Gründe aus der Analyse der Sache zu legitimieren. Die *res signans* muß im *signum* erkennbar sein. Die Begründung kann traditionelle Problemlösungen in neue transformieren, wenn die *res signans* sich im Zusehen anders zeigt, als es bisher schien. Aus diesem Strukturieren des Frage-Antwort-Verfahrens ergibt sich der Aufbau der *quaestio*. Die literarische Gattung hat eine gegenständliche Wirklichkeit in der Verknüpfung *der Inhalte des Denkens*.[40]

Die *quaestio* ist hervorgegangen aus der lectio, der Lehrtätigkeit, »die sich auf Texte konzentrierte, dem Verständnis der auctoritates gewidmet und dazu bestimmt war, die Tradition zu sichern.«[41] Eine Tradition, die in sich selbst widersprüchlich ist, bedarf der auslegenden Weiterentwicklung, um die Widersprüche auszuräumen oder zu versöhnen.[42]

Sobald sie begonnen haben, Divergenzen in der Tradition festzustellen, sahen sie sich genötigt, kritisch die vorgelegten Meinungen zu untersuchen, um zu bestimmen, auf welcher Seite sich die Wahrheit befand.[43]

Aus diesem abwägenden Vergleichen der *auctoritates* ergab sich die Methode der *quaestio*. Das Problem wurde in der Form einer Entscheidungsfrage gestellt. Alsdann wurden die herrschenden Lehrmeinungen referiert, sodann die entgegenstehenden. Danach entwickelt der Autor seine eigene Auffassung mit Gründen und schließlich folgt als Teil der Antwort die Einschätzung der zuvor referierten Lehrmeinungen im einzelnen, soweit der Autor ihnen widerspricht. Es ergibt sich folgender Aufbau: Frage *(Utrum ...)*, Referat *(Videtur quod ...)*, Gegen-Referat *(Sed contra ...)*, Antwort *(Respondeo ...)* mit kritischer Beurteilung *(Ad primum, ad secundum ...)*.

Nehmen wir ein beliebiges Beispiel, den siebten Artikel der *Quaestio XIV* des ersten Teils der *Summa theologica* des Thomas von Aquino. Die Frage lautet: »Ob das Wissen Gottes diskursiv sei«. Die erste Gruppe von drei referierten Auffassungen ist bejahend, gestützt auf die aristotelische Logik. Dagegen wird Augustinus, *De trinitate 14*, angeführt. Thomas' Antwort hebt an mit der Bestimmung, was diskursiv ist – die Sukzession von Gedanken und die kausale Ableitung; und er setzt dagegen, daß Gott alles in einem sieht, das er selber ist *(Deus autem omnia videt uno, quod est ipse)*. Im weiteren wird die extensionale Struktur des Diskursiven ausgeführt. Schließlich folgt dann die Widerlegung der drei referierten Positionen der aristotelischen Logik in bezug auf Gott.[44]

Die *responsio* ist der Ort, an dem sich der Fortschritt in der Argumentation vollzieht. Hier können die Argumentationsmuster der *Logica nova* aufgenommen werden, die eine neue Auffassung vom Wesen theologisch-philosophischer Wahrheit nach sich ziehen; hier ist es möglich, in philosophischen Streitfragen die Autorität des Aristoteles, ja auch die des Averroes ins Feld zu führen.[45] Ein fundamentaler Wandel in der Wahrheitstheorie drückt sich in dieser Veränderung der literarischen Form aus: Die *lectio* geht von einer in den autoritativen Schriften formulierten Wahrheit aus, die vorgetragen und ausgelegt werden muß; die *quaestio* setzt auch eine Wahrheit voraus, die erkannt werden kann, aber sie behandelt sie Aussagen der autoritativen Schriften als Zeichen für die Wahrheit, die gedeutet werden müssen, um zur Wahrheit zu führen, und die Deutung unterliegt den Regeln der natürlichen Vernunft und kann argumentativ begründet bzw. widerlegt werden.[46] Das starre Gefüge der autoritativen Lehre wird aufgebrochen, die Orientierung an der Sache selbst tritt in den Vordergrund.

Aber dies ist nicht ein Bruch mit der Tradition, mit der Doktrin, sondern eine Denkbewegung innerhalb ihrer. Es gibt nicht auswechselbare Wahrheiten, sondern die eine Wahrheit, der sich die *signa veritatis* annähernd- unter verschiedenen Perspektiven und mit verschiedener Genauigkeit und also in einer Abstufung des Näherungsgrades. Die Gegenüberstellung differierender Lehrmeinungen im Sentenzen-Buch des Petrus Lombardus hatte diesen ›hermeneutischen‹ Zugang zur Wahrheitsfrage provoziert, wenn man die Autorität der Überlieferung insgesamt nicht der Skepsis preisgeben wollte. Der Schüler des Lombardus, Petrus von Poitiers († 1205), Kanzler von Notre-Dame seit 1193, hat das in seinem Kommentar zum Sentenzen-Buch methodologisch durchgeführt.

> Die Absicht der Logik richtet sich auf zweierlei, nämlich auf das Bezeichnende und auf das Bezeichnete. [...] Zwischen den Zeichen der Theologie und den Bezeichnungen der philosophischen Wissenschaften (artes liberales) gibt es jedoch keinen Unterschied. In diesen werden nämlich die Wörter Bezeichnungen genannt, in jener die Dinge Zeichen.[47]

Zeichen für die Wahrheit der Sache selbst sind auch die Lehren der Autoritäten, die darum mittels der *ratio* ›gelesen‹ werden müssen. Vom Glauben der Kirche heißt es, er sei »durch Autoritäten und Gründe befestigt« *(auctoritatibus et rationibus minuta est).*[48]

Das ist der Sieg des Arguments über das Zitat, ohne daß der fundierende Charakter der im Zitat formulierten Erkenntnis angetastet würde; nur wird ihr festgeschriebener Wortlaut in die problembezogene Bewegung des Denkens hineingezogen. Dieser Übergang von der systematisierenden Rezeption der Väterdogmatik zur dynamisch argumentativen Aneignung der Tradition geschah im Verlauf eines knappen Jahrhunderts.[49] Von Wilhelm von Champeaux († 1121), dem Begründer der Schule von St. Victor, und von Anselm von Laon († 1117) haben wir die frühesten Ansätze zur Ausarbeitung des Typus der *quaestio*, noch zögernd in der Konsequenz.

> In der Anwendung der ratio, auf die Glaubenswahrheiten zeigt sowohl Wilhelm von Champeaux und noch mehr Anselm von Laon große Mäßigung und Zurückhaltung. [...] Läßt sich keine definitive Väterautorität pro oder contra aufführen, dann wird lieber auf die Lösung des Problems verzichtet. [...] Auf der unverrückbaren Basis der Autorität der Kirche und der Väter soll nun in diesen Quaestionen der Versuch gemacht werden, Zweifel und Schwierigkeiten, die sich bei Behandlung der Glaubenslehre aufdrängen, zu lösen. Die Art und Weise aber, wie diese Probleme aufgerollt, behandelt und gelöst werden, die äußere Technik der Fragestellung und der solutio verrät viele Anklänge an die Anlage der späteren quaestiones quodlibertales.[50]

Rolandus Bandinellus, der spätere Papst Alexander III., spitzte in seinem *Sentenzen*-Buch (zwischen 1139 und 1150) das Verfahren zu:

> Es werden nicht bloß auctoritates gegen auctoritates gestellt und damit einige prinzipielle Richtlinien zum Ausgleich dieser Gegensätze verbunden, wie das in Abälards ›Sic et non‹ uns entgegentritt, es werden hier vielmehr zuerst auctoritates und auch rationes für die bejahende, hierauf wiederum auctoritates und gleichfalls rationes für die verneinende Beant-

wortung der gestellten Frage angeführt, und es wird sodann eine prinzipielle Stellungnahme des Autors in Form einer solutio gegeben. [...] Gegenüber Abälard ist ein Fortschritt darin zu sehen, daß die Form der quaestio eine scharfe Problemstellung ermöglicht, daß ferner nicht bloß die auctoritates, sondern auch die rationes pro und contra ins Treffen geführt werden, vor allem, daß die solutio eine wirkliche Lösung, eine auf redliches Bemühen sich stützende Beantwortung der Frage gibt.[51]

Robert von Melun († 1167) macht daraus ein rationalistisches Programm, in dem die auctoritates hinter dem Problembewußtsein zurücktreten: »Zum einen liefern die quaestiones den Grund zum Zweifel, zum anderen den Grund zum Lehren.«[52] Zum eigentlichen Protagonisten eines rational-argumentativen Umgangs mit den kirchlichen Lehren wurde Gilbert von Poitiers (1076 – 1154), zunächst Kanzler in Chartres, dann Bischof von Poitiers, der darum auch 1148 – sieben Jahre nach Abaelard und wie dieser auf Betreiben des Eiferers Bernhard von Claivaux – in Reims der Häresie angeklagt, allerdings von Papst Eugen III. freigesprochen und »voll Ehren« (honoris plenitudine) in seinem Amt bestätigt wurde.[53] Im Prolog zu seinen Boethius-Kommentaren schreibt er, daß Interpretationen »nicht so sehr durch Autorität, als vielmehr durch Gründe [...] befestigt« worden sind, und daß er den Sinn des Textes wiedergeben wolle, »nichts aber aufgrund unserer Autorität hinzufügen, sondern den Sinn des Autors referieren«.[54] Diesem Programm philologischer Genauigkeit folgt dann im Prolog zu De trinitate die Definition, was als eine quaestio anzusehen sei – und diese Definition darf als ein methodologisches Postulat zur Präzision des argumentativen Verfahrens verstanden werden.

Hier ist daran zu erinnern, daß die quaestio aus der Bejahung und der ihr widersprechenden Verneinung besteht. Aber nicht jeder Widerspruch ist eine quaestio. [...] Eine quaestio ist es,

143

bei der beide Argumente einen Teil der Wahrheit zu besitzen scheinen.[55]

Die Auflösung des Widerspruchs soll auf dem Wege der *distinctio*, der logischen Unterscheidung, angestrebt werden. Die Wahrheit tritt als das logisch Bestimmbare hervor, die Vernunft übernimmt das Richteramt im Streit der Autoritäten.

Mit dieser Festlegung eines Verfahrens wissenschaftlicher Untersuchung ist der Übergang von der *lectio*, der rezeptiven Aneignung, zur *quaestio*, der problemlösenden Aneignung vollzogen. An die Stelle eines sakrosankten Textcorpus ist ein problemorientiertes Interpretationsmuster getreten, das sich in der konzeptuellen Modellierung der Wirklichkeit bewähren muß. Anders aber als in der klassischen Philosophie der Antike und anders auch als in der nachcartesischen Moderne werden indessen die Fragen der *philosophia speculativa* nicht von den Sachen, d.h. letzten Endes von der Erfahrung (auch der transzendentalen Erfahrung des Denkens mit sich selbst) her gestellt, sondern in der Auslegung eines textuell vorgegebenen Sinnhorizonts.[56] Der Wortlaut der Texte, der heiligen Schriften, auf den sich das Welt- und Lebensverständnis bezieht, muß verstanden werden. Noch die einfachste Form des Glaubens war eine Art ›literarische‹ Bildung – und das in Jahrhunderten, in denen nur eine verschwindende Minderheit des Lesens kundig war. Um so wichtiger war es für die universelle Geltung der Weltanschauung, daß die mündlich verbreitete Kenntnis der Texte auf die Lebenssituationen der Menschen ›angewandt‹, also ausgelegt wurde, wie es vor allem in den Predigten geschah. Der wortlaut von Bibelstellen mußte, wenn er weltanschauungsbildend werden sollte, »allegorisch« gedeutet werden. Beim Allegorisieren ging es

um die Enthüllung des bei der Schöpfung in der Kreatur versiegelten Sinns der Sprache Gottes, um *revelatio*, um eine *spirituales notificatio*, wie Hugo von St. Victor es nennt, die aus der stummen Welt der Dinge die Sprache göttlicher Verkündigung vernimmt.[57]

Die Praxis allegorischer Deutung hat im Prinzip der Allegorie keine strenge Limitation des Sinngebungsspielraums. Sie läuft stets Gefahr, sich in subjektiver Beliebigkeit zu verlieren. So ist es ein vordringliches Erfordernis einer sich auf Schriftzeugnisse stützenden Weltanschauung, den »wahren« Sinn der Textüberlieferung zu sichern.[58] Das Zitat und die möglichst eng ans Zitat sich haltende Darlegung sind die Bildungsmomente, die einen Weltanschauungskonsens konstituieren. Darum sind die *auctoritates* der Leitfaden jeder eigenen Untersuchung. Es brauchte Jahrhunderte, bis dieser Weltanschauungsboden sich so gefestigt hatte, daß Kommentatoren in der Auseinandersetzung mit dem Text ihre eigenen Denkwege zu gehen begannen.[59] Ab dem 12. Jahrhundert wächst die Offenheit für neue Deutungen der überlieferten Inhalte.

Wie die Theologie an den gleichen Texten sich unermüdlich schöpferisch deutend neu versucht, so auch die Dichtung an den wenigen einmal groß erfundenen Fabeln.[60]

Kommentar und Interpretation sind die Denkformen, in denen sich die mittelalterliche Bildung verwirklicht – Produktion geschieht in der Rezeption, und das Rezipieren wird produktiv.

IV.

Seit scholastische Texte in größerer Zahl ediert worden sind, ist das Vorurteil vom ›finsteren‹ Mittelalter nur noch ein Indiz obskurer Ignoranz. Die mittelalterliche Philosophie (und Theologie) hat subtile Distinktionen und scharfsinnige Argumentationen entwickelt, die von selbständigem Denken und intellektuellem Verantwortungsbewußtsein zeugen. Diese Selbständigkeit wurde *nicht gegen* die *auctoritates*, sondern auf der Grundlage ihrer Anerkennung erworben. Es war eine Selbständigkeit, die nicht aus vermeintlicher Originalität sich in sog. Innovationen bekundete, sondern aus der Klärung der Begriffe und ihrem Verhältnis zu den intendierten Sachen entsprang.

Das Niveau, auf dem die Hochscholastik diese theoretischen Erörterungen anstellen konnte, war nicht unabhängig von der rezeptiven Bildung einer breiten Klerikerschicht, die aus den *auctoritates*, aus der Bibel und den Schriften der Kirchenväter, gespeist wurde. Der Fundus fragloser Erklärungsmuster und Sinndeutungen, die sich in der apologetischen Literatur gegen andere Lehren behauptet hatten, enthielt die Anreize zum Weiterdenken. Die Kommentare zu den Sentenzen des Lombardus, der das Ausgangswissen zusammengefaßt hatte, verdeutlichen diesen Vorgang. Wenn zum Beispiel Petrus Lombardus in der ersten *Distinctio* des ersten Buches zwischen Sachen unterscheidet, die wir genießen, und solchen, die wir gebrauchen, so schließt Thomas von Aquino in seinem Kommentar eine Untersuchung über die Bedeutung der Ausdrücke ›genießen‹ und ›gebrauchen‹ an; ›genießen‹ *(frui)* kennzeichnet er – obwohl das Wesen des Genießens in seiner höchsten Form das Sehen Gottes, also ein Akt des Intellekts, ist – als einen Akt des Willens, nicht des Verstandes, und ›gebrauchen‹ ist ebenfalls nicht ein Akt der (›instrumentellen‹) Vernunft, sondern des Willens. Wo der Lombarde das Genießen auf die Dreifaltigkeit gerichtet sieht, den Gebrauch dagegen auf die Welt und die in ihr geschaffenen Dinge, legt der Aquinate den Grund für eine Theorie der Seelenvermögen, obwohl er an der gegenständlichen Unterscheidung von *visio divinitatis* und *executio ejus quod ad finem ordinatum est* (Gottesschau und Zweckerfüllung) festhält, also prinzipiell verschiedene Objekte der *intentio* in Übereinstimmung mit der traditionellen Lehre annimmt; indem Thomas jedoch die ontologische Struktur der Gegenstandsbeziehung der beiden Begriffsinhalte aufzeigt, kann er den Unterschied von spiritueller und materieller Tätigkeit klären und beide Modi des gegenständlichen Verhaltens des Menschen gleichermaßen als Willensakte charakterisieren.

Das Beispiel zeigt, in welchen Bahnen der Fortschritt des Denkens, die Weiterbildung der Theorien verläuft. Im Laufe dieser Entwicklung wird dann aber einmal ein Problemknoten geschürzt, der sich durch Interpretation und Uminterpretation überlieferter Theorien nicht mehr auflösen läßt. Dann ist das fällig, was man in der Sprache der modernen Wissenschaftstheorie einen ›Paradigmawechsel‹ nennt. Doch Paradigmawechsel sind säkulare Vorgänge, in ihnen vollzieht sich der Übergang von einer Ära der Menschheitsgeschichte zu einer neuen. Die lang andauernde Geltung eines Paradigmas hingegen verbürgt die Einheit einer Kultur und die Ausfaltung des Reichtums der in ihr angelegten Möglichkeiten. Die erste Phase eines Kulturzeitalters wird stets durch die Festlegung der Koordinaten bestimmt, die das Feld des Wissens abstecken; dies leisteten für das Mittelalter die Kirchenväter, die den dogmatischen Kernbestand erarbeiteten. In der zweiten Phase wird das abgesteckte Feld ausgeschritten, es ist die Zeit des Zitierens und Repetierens; diese Aufgabe erfüllten die Kloster- und Domschulen bis zur Gründung der Universitäten. Die dritte Phase ist dann erfüllt von der Unruhe des Weiterfragens, von dem Drang zum Systematisieren, das die Einheit in der Mannigfaltigkeit herstellt; die großen Denker des 12. und 13. Jahrhunderts, von Abaelard bis zu Thomas von Aquino und Siger von Brabant, sind die Träger dieser Denkbewegung. Schließlich zerfällt die systematische Einheit der Weltanschauung, der Paradigmawechsel bereitet sich vor; der Nominalismus des Spätmittelalters ist Ausdruck dieser letzten Phase.

Die Spannung zwischen *auctoritates* und *rationes* in der Durchführung der *quaestiones* ist der Höhepunkt dieser Bewegung. In ihr manifestiert sich die Dynamik einer geschichtlichen Bewegungsform, deren konstitutives Prinzip die Kontinuität ist. Aus dieser Kontinuität erwuchs ein dauerhaftes Bildungsgesetz, das wesentlichen Daseinsweisen der abendländischen Kultur Gestalt gab (wie die Kontinuität des Konfuzianismus über alle Wandlungen hinweg die Physiognomie der chinesischen Kultur prägte). Die Besinnung auf solche Kulturen lang andauernder Kontinuität und auf die sich darin festigenden Bildungskonstanten mag hilfreich sein, wenn es gilt Widerstand zu leisten gegen die modische ›dekonstruktivistische‹ Zersetzung der Gehalte und Formgestalten unserer kulturellen Tradition, die mit der Gegenwart eine geschichtliche Einheit bildet.

Anmerkungen

1 Friedrich Schlegel, *Kritische Ausgabe*, hg. von Fr. Behler, Band SVIII, Paderborn 1963, S. 109, 112, 160.

2 Schlegel spricht a.a.O., S. 461, von der »Zufälligkeit des Genies« und der »willkürlichen Eingebung«.

3 Erasmus von Rotterdam hat das am Anfang der Neuzeit immer wieder betont ausgedrückt; z.B.: »Es gilt als sehr löblich und ist es auch, wenn einer seine Vorgänger und Gewährsmänner anführt. Vergil erwähnt ausdrücklich den Homer, den Theokrit und Hesiod; Horaz den Pindar und Anakreon; Avicenna den Galen, Galen den Hippokrates; Cicero den Demosthenes, den Platon Xenophon; Aristoteles, der nichts unbehandelt ließ, für verschiedene Beweisführungen verschiedene; den Aristoteles wiederum zitieren Theophrast, Themistius und Averroes. Warum sollten wir allein es wagen, von den Vorgängern unserer Philosophie im gesamten Verlauf unserer wissenschaftlichen Arbeit abzusehen?« – »Pulcherrimum, u test, habetur, si suos quisque principes et auctores referat. Vergilius expressit Homerum, Theocritum et Hesiodum; Horatius Pindarum et Anacreontem; Avicenna Galenum, Galenus Hippocratem; Cicero Demosthenem, Platonem Xenophon; Aristoteles, qui nihil non – tractavit, pro diversis argumentis diversos; Aristotelem Thephrastus, Themistius et Averroes. Cur soli nos ausi sumus a nostrae philosophiae principibus tota disserendi ratione discescere?« Erasmus von Rotterdam, Ausgewählte Schriften, Band III, Darmstadt 1967, S. 162 ff.

4 Pierre Hadot, *La préhistoire des genres littéraires philosophiques médiévaux dans l'Antiquité*. In: *Les genres littéraires dans les sources théologiques et philosophiques médiévales*, Université Catholique de Louvain, Publications de l' Institut d'Etudes Médiévales, Louvain-La-Neuve 1982, S. 1 ff. Hier S. 4 und 6: »A la fin de l'Antiquité, la formation du philosophe est assure avant tout par le commentaire de texte. [...] Nous aurons aussi une literature qui ne recherché pas, mais qui expose«. – Mit Ausschließlichkeit herrscht die Kommentarform in der jüdischen Tradition. Vgl. Gershom Scholem, *Über einige Grundbegriffe des Judentums*; Frankfurt am Main 1970. – Siehe dazu auch Walter Benjamins Brief an Christian Rang vom 9. Dezember 1923, in dem es heißt, »daß alles menschliche Wissen, wenn es sich soll verantworten können, die Form der Interpretation haben muß und keine andere und daß die Ideen der Handhaben feststellender Interpretation sind.« Walter Benjamin, *Briefe*, Band I, Frankfurt am Main 1966, S. 323. Vgl. dazu Hans Heinz Holz, *Philosophie der zersplitterten Welt*, Bonn 1992, S. 118 ff.

5 Revolutionär an Descartes war, daß er die Überlieferung rigoros beiseite setze, um selbst denkend von vorn anzufangen. Vgl. Hans Heinz Holz, *Einheit und Widerspruch. Problemgeschichte der Dialektik in der Neuzeit*, Band I, Stuttgart 1997, S. 129 ff.

6 Marcus Anodius Cassiodorus, *De institutione divinarum scripturarum, praefation*. In: *Opera Omnia*, Genf 1650, S. 442: »Unde fieri potest ut per magistros agatur antiquos, quod impleri non potuit per nouellos. Quapropter tractatores vobis doctissimos indicasse sufficiat: quando ad tales remisisse, competens plenitude probatur esse doctrinae. Nam & vobis quoque erat preaestantius prasesumpta nouitate non imbui, sed priscorum fonte satiari.«

7 Vgl. Ernst Robert Curtius, *Europäische Literatur und Lateinisches Mittelalter*, Bern und München 1948, S. 256 ff.

8 Vgl. Hans Heinz Holz, *Tradition und Traditionsbruch*. In: *Der Zerfall der Bedeutungen. Philosophische Theorie der bildenden Künste*, Band III, Bielefeld 1997, S. 125 ff.

9 Theodor W. Adorno, *Thesen über Tradition*. In: *Ohne Leitbild. Parva Aestetica*, Frankfurt am Main 1967, S. 33. Voraus gehen die Behauptungen wie Keulenschläge: »Die Kategorie Tradition ist wesentlich feudal. [...] Tradition steht im Widerspruch zur Rationalität, obwohl diese in jener sich bildete. Nicht Bewußtsein ist ihr Medium, sondern vorgegebene, unreflektierte Verbindlichkeit sozialer Formen, die Gegenwart des Vergangenen.« Ebd., S. 29. Hier sägt Adorno den Ast ab, auf dem er sitzt.

10 Adorno, *Thesen über Tradition*, a.a.O., S. 38.

11 Vgl. M.A. und R.H. Rouse, *Florilegia of Patristic Texts*. In: *Les Genres Littéraires dans les sources théoliques et philosophiques médiévales*, a.a.O., S. 165 ff. Der Liber scintillarum (7. Jahrhundert) stellt Textauszüge »in absteigender Ordnung der Autoritäten der Quellen« (in descending order of the authority of their sources) zusammen: Die Evangelien, Petrus, Paulus, andere Apostel, Salomon, andere Bücher der Bibel, die vier Kirchenväter usw. Ebd., S. 167. Die *Libri deflorationum* (12. Jahrhundert) haben folgende Reihenfolge: Augustinus, Heilige Schrift, andere patristische Autoren, spätere mittelalterliche Autoren und antike Quellen. Ebd., S. 168. Der erste Platz für Augustinus mag wohl damit zusammenhängen, daß er – anders als die Heilige Schrift – eine Systematisierung der theologischen und philosophischen Lehrmeinungen vorgenommen hat und so den biblischen Zeugnissen ihren Ort im Sinnganzen der christlichen Weltanschauung zuwies.

12 Ein hervorragendes Beispiel dieses zweiten Typus ist Sabbatai Zwi.

13 *Liber scintillarum*: »Der gute Wille und die Mühe – nichts anderes ist von mir gewesen« – »Voluntas bona et labor – aliud nihil fuit meum«. – Liber florum: »Ich bin nicht der Autor dieser Sätze, sondern eher wie ein Blumenpflücker auf den Wiesen, darum bestimme ich, daß dies das Buch der Blumen genannt werden soll« – »Harum siquidem sentantiarum non auctor sum, sed velut ex pratis florum collector, unde et Librum florum hunc esse nominandem decerno«. M.A. und R.H. Rouse, *Florilegia of Patristic*, a.a.O., S. 177 und 176.

14 Edouard Jeauneau, *Gloses et commentaires de textes philosophiques*. In: *Les genres littéraires* [...], a.a.O., S. 117 ff.

15 Ebd., S. 129 f: »En effet, quiconque s'apprete à commenter ou à glâser un texte s'informe généralement de ce qui a été écrit avant lui sur le sujet. [...] L'histoire de la culture n'est pas une ligne droite; elle comporte des ruptures, des points de rebroussement. Les gloses et commentaries ne témoignent pas seulement de la continuité de cette culture, mais aussi de ses avatars.« – »Wer sich bemüht, einen Text zu kommentieren oder zu glossieren, informiert sich im allgemeinen in der Tat über das, was vor ihm über den Gegenstand geschrieben wurde. [...] Die Geschichte der Kultur ist keine gerade Linie; sie bringt Brüche mit sich, Punkte der Umkehr. Die Glossen und Kommentare bezeugen nicht nur die Kontinuität dieser Kultur, sondern auch ihre Wandlungen.« – Vgl. dazu Hans Heinz Holz, *Vermittlung und Bruch*. In: Annalen der Internationalen Gesellschaft für dialektische Philosophie – Societas Hegeliana, Band IX, Bonn 1996, S. 111 ff.

16 Vgl. zusammenfassend Gustav Edmund von Grunebaum, *Der Islam*. In: Golo Mann/Alfred Heuss, *Propyläen-Weltgeschichte*, Frankfurt am Main und Berlin 1963/1976, Band V/1, S. 21 ff.

17 G. Quadri, *La philosophie arabe dans l'Europe médiévale*, Paris 1947, S. 9: »Selon Sharistani le mot arabe ›Kalam‹ avait deux significations principales: l'une est celle de parole de Dieu, au sens du Logos philonien et chrétien et néoplatonicien d'une certain vacon, dans lequel est entendu ce terme; l'autre celle de méthode de raisonnement, a

savoir l'art de la discussion, la logique, la dialectique.« – Vgl. Sharistani, *Religionspar-teien und Philosophenschulen*, deutsch Halle 1850-51, Band I, S. 26. Der Wortsinn von ›Kalam‹ ist ›Rede‹. Vgl. Max Horten, *Die Philosophie des Islam*, München 1924, S. 197.

18 G. Quadri, *La philosophie arabe dans l'Europe médiévale*, a.a.O., S. 17 f: »Par analogie, on compranait l'interprétation extensive des règles du droit existant en rapport avec les cas concrets variés.«

19 Vgl. Richard Hartmann, *Die Religion des Islam*, Berlin 1944, S. 57: »Denn wenn man mit gutem Gewissen davon überzeugt war, in einem bestimmten Falle der *sunna* des Propheten zu folgen, erfand man ganz naiv einen *hadith*, der ihm ein entsprechendes Wort oder eine entsprechende Handlung beilegte: *mußte* doch der Prophet so gesagt und gehandelt haben. Man kann heute noch die Geschichte der politischen, dogma-tischen und juristischen Auseinandersetzungen der ersten Jahrhunderte an der Hand der Aussprüche verfolgen, die ihm in den Mund gelegt werden, und zwar jeweils für den Standpunkt beider streitender Parteien.«

20 Genannt nach dem Begründer dieser Juristenschule, dem Perser Abu Hanifa, der in Basra lebte und 767 starb.

21 Genannt nach Malik ibn Anas (795) aus Medina, bei dem »das Gewohnheitsrecht von Medina als Richtschnur *(sunna)*, gerechtfertigt durch *igma*« erscheint. R. Hart-mann, *Die Religion des Islam*, a.a.O., S. 53.

22 Die konservative Reaktion des Ahmed ibn Hanbal (855), der forderte, die Worte des Koran anzunehmen, ohne über ihre Deutung zu grübeln (*bila kaifa* = ›ohne das Wie‹) konnte als fromm respektiert werden, ohne die Diskussion wirklich zu behindern.

23 Siehe E. Jeauneau, *Gloses et commentaires de textes philosophiques*, a.a.O.

24 M. de Wulf, *Histoire de la Philosophie Médiévale*, Louvain/Paris/Bruxelles 1900, S. 210: »Bis in die Mitte des 16. Jahrhunderts sind die Stücke, die er ausgewählt hat, klassisch geblieben, und man *las* die *Sentenzen* gleichzeitig mit der Bibel in den theologischen Fakultäten zahlreicher europäischer Universitäten.« – »Jusqu'au milieu du XVIe s., les cadres qu'il a choisis sont restés classiques, et on *lisait* les *Sentences* en même temps que la Bible dans les facultés de théologie des nom-breuses universités européennes.«

25 Zu Magister Roland vgl. Heinrich Denifle, *Die Sentenzen Abaelards und die Bearbeitungen seiner Theologia vor der Mitte des 12. Jahrhunderts.* In: *Archiv für Literatur- und Kirchengeschichte des Mittelalters*, Band I, Berlin 1885, S. 402 ff., besonders S. 434 ff.

26 Siehe Martin Grabmann, *Geschichte der scholastischen Methode*, Darmstadt und Ber-lin 1956, Band II, S. 371 ff.

27 Vgl. H. Denifle, *Die Sentenzen Abaelards und die Bearbeitungen seiner Theologia vor der Mitte des 12. Jahrhunderts*, a.a.O., S. 527 f. M. de Wulf, *Histoire de la Philo-sophie Médiévale*, a.a.O., S. 209 f.

28 Ebd., S. 209.

29 Allerdings gehen Magister Rolands Sentenzen schon ein Stück darüber hinaus.

30 Darum konnten theologische Kontroversen immer auch politische Konsequenzen haben und umgekehrt politische Gegensätze in theologischen Streitpunkten sich manifestieren. Vgl. Alois Dempf, *Sacrum Imperium*, Darmstadt 1954. – Hans Heinz Holz, *Religion und Klassenkämpfe im christlichen Mittelalter*. Bielefeld 1999.

31 Die neue Haltung des Fragens und In-Frage-Stellens charakterisiert C. Viola, *Manières personelles et manières impersonelles d'aborder un problème. Contribution*

a l'histoire de la quaestio. In: *Les genres littéraires ...*, a.a.O., S. 11 ff. »Seit dem 12. Jahrhundert stellt man vor allem in den Schulen Fragen, wie es vorher schon in gewissen Kreisen der Antike Praxis war. [...] Die Tatsache, Fragen zu stellen, das ›Befragen‹, war kein Privileg der Schüler; dies taten alle, die suchten, kurz alle, die zu erkennen strebten.« – »Depuis le XIIe siècle, c'est surtout dans les écoles qu'on pose des questions ainsi que, d'ailleurs, cela était déja la pratique dans certains milieux de l'antiquité. [...] Le fait de poser des questions, le ›questionner‹ n'est donc pas le privilège des disciples; il est le fait de tous ceux qui cherchent, bref, de tous ceux qui sont désireux de connaître«, ebd., S. 11 f.

32 M. Grabmann, *Geschichte der scholastischen Methode*, a.a.O., S. 200.

33 Abaelard: »Quod genus litterarum non cum credendi necessitate, sed cum iudicandi libertate legendum est«. Zitiert nach Grabmann, *Geschichte der scholastischen Methode*, a.a.O., S. 202 = Migne, PL Band CLXXVIII, S. 1347. Grabmann bemerkt dazu ebd.: »Es müssen die Schriften der Väter nicht mit der Verpflichtung des Glaubens gelesen werden, es kommt bei ihrer Lektüre die Freiheit des Urteils zur Geltung.«

34 Vgl. M. de Wulf, *Histoire de la Philosophie Médiévale*, a.a.O., S. 203: »Im Namen der Allmacht der Vernunft beansprucht Abaelard, alle Wahrheiten des christlichen Dogmas einschließlich der Mysterien *zu beweisen*. Als einziger unter den Scholastikern wagt er, das Unbegreifliche vor das Gericht der Vernunft zu zerren; und indem er sich auf das Licht beruft, mit dem die Heilige Geist die Intelligenzen erleuchtet, erklärt er, die katholische Doktrin sei nur eine natürliche Verlängerung der Philosophie.« – »Au norm de l'omnipotence de la raison, Abélard prétend *demontrer* toutes les vérités du dogme chrétien, y compris les mystères. Seul parmi les scolastiques, il ose déférer l'incompréhensible au tribunal de la raison; et, invoquant la lumière don't l'Esprit-Saint illumine les intelligences, il declare que la doctrine catholique n'est que le prolongement naturel de la philosophie.« Das ist allerdings die Deutung eines streng konservativ denkenden Neuscholastikers.

35 Damit kam das Sentenzenbuch einem Bedürfnis der Zeit entgegen. Hans-Ulrich Wöhler in seiner hervorragend konzisen *Geschichte der mittelalterlichen Philosophie*, Berlin 1990, charakterisiert dies richtig: »Als Muster für die Kombination von Autoritätsbewußtsein und systematisierendem Verstand hat dieses Werk Schule gemacht.« Ebd., S. 88.

36 Sein Programm legt Petrus Lombardus im Prolog dar: »Wir haben versucht, unseren Glauben gegen die Irrtümer der in Fleischlichkeit und Tierischheit befangenen Menschen mit den Schutzschilden eines Davidturms zu befestigen. [...] und die Geheimnisse theologischer Probleme ebenso wie die der kirchlichen Sakramente nach dem Maß unserer Einsicht zur Kenntnis zu bringen.« – »Fidem nostram aduersus errores carnalium atque animalium hominum, davidicae turris clypeis munire, vel potius munitam ostendere, ac theologicarum inquisitiorum abdita aperire, necnon et sacramentorum ecclesiasticorum pro modulo intelligentiae nostrae notitiam tradere studuimus.« Petrus Lombardus, *Sententarium Libri* IV, Paris 1550, S. 1

37 Ebd., S. 415: »Sacramentum est sacrae rei signum.«

38 Ebd., S. 415: »Dicitur tamen [...], ut sacramentum sit sacrum signans, et sacrum signatum.« Weiter heißt es dann: »Also sind die Sakramente nicht nur um des Zeichengebens willen eingesetzt worden, sondern auch um der Heiligung willen. Was nämlich nur des Zeichengebens willen eingesetzt wurde, ist nur ein Zeichen und kein Sakrament.« – »Non ergo significandi tantum gratia sacramenta instituta sunt, sed etiam sanctificandi. Quae enim significandi gratia tantum instituta sunt, solum signa

sunt, et non sacramenta.« Hier wird das Verhältnis von Bedeutung und Sache selbst als ein Selbstunterschied der bedeutenden Sache in den Blick gebracht und damit eine rein nominalistische Auffassung zurückgewiesen.

39 Auf die Frage, ob Gott mehr tun könnte, als er tut (si Deus plura possit facere quam faciunt), lautet nun die Antwort: »Er kann nichts ohne Grund tun [...], also kann er nicht tun, was er nicht tut.« Daraus wird für das Theodizee-Problem gefolgert, daß Gott dem Bösen nicht zustimmte, weil es ja gar nicht hätte verhindern können, wenn es aus Gründen geschah: »Gott scheint dem Bösen nicht zuzustimmen, weil er weiß, warum es geschehen muß; er kann es nicht verhindern, weil es einen Grund gibt, warum er selbst nicht gegen einen Grund handeln kann.« (Deus non videtur consentire malo, cum sciat quare illud debeat fiere; non potest disturbare, nam ratio est, quare nec ipse contra rationem facere potest). – Zitiert nach H. Denifle, *Die Sentenzen Abaelards und die Bearbeitungen seiner Theologia vor der Mitte des 12. Jahrhunderts*, a.a.O., S. 428 f. (Sentenzen-Handschrift XI.264 zu St. Florian). Die Unterwerfung Gottes unter einen in der Sache selbst liegenden Grund hebt die absolute Autorität Gottes auf, die in ihm den letzten Grund von allem sieht. Nur wenn Wille und Vernunft in Gott ununterscheidbar sind, kann er die absolute Autorität sein. Treten dagegen Wille und Vernunft auseinander und wird die Vernunft zum bestimmenden Grund des Handelns Gottes, so ist sie eine gegenüber Gott wieder verselbständigte, von ihm unabhängige Instanz. Die Alternative wäre ein Gott, der willkürlich, also kontingent handelt.

40 Werner Krauss hat diesen realistischen Charakter der Gattungsformen dezidiert ausgesprochen: »Die literarischen Gattungen existieren [...]. Wir müssen uns mit dem Gedanken vertraut machen, daß die Existenz der Gattungen dem Vorhandensein einer Literatur vorangeht. Die Gattungen müssen daher als ein wesentlicher Faktor der Deutung beleuchtet werden.« Werner Krauss, Essays zur französischen Literatur, Berlin und Weimar 1968, S. 5 ff. Was Krauss hier für die Literatur feststellt, gilt auch für die Philosophie. Für Gegenstand und Zeitraum unserer Untersuchung sind quaestio und Kommentar dominierende Gattungen.

41 Bernardo B. Bazan, *La quaestio disputata*. In: *Les genres littéraires ...*, a.a.O., S. 31 ff, hier: S. 32.

42 Ein spätes Beispiel dafür ist der *Condiliator philosophicus* des Rodolphus Coclenius, Kassel 1609.

43 B.B. Bazan, *La quaestio disputata*, a.a.O., S. 32.

44 Thomas von Aquino, *Summa theologica*, pars prima, quaestio XIV, art. VII. Das ist ein sehr einfaches Beispiel, an dem die oft viel komplexere Struktur der *quaestio* durchsichtig ist.

45 Vgl. hierzu Jacqueline Hamesse, *Les auctoritates Aristotelis*, Louvain/Paris 1974. Zur Aristoteles-Rezeption überhaupt Fernand Van Steenberghen, *Aristotle in the West*, Louvain 1955. »Während dieser ganzen Periode (scil bis zur Mitte des XII. Jahrhunderts) vermittelten die Theologie-Schulen einen völlig von der Bibel und den Schriften der Kirchenväter inspirierten Unterricht. Die in den Schulen dargelegte Sicht der Welt war so ausschließlich christlich. Diese Situation blieb unverändert bis zum Anfang des XIII. Jahrhunderts. [...] Das von peripatetischer Philosophie geprägte XIII. Jahrhundert erlebte das Aufblühen einer neuen Literaturgattung, der Florilegien aus dem Aristoteles.« J. Hamesse, *Les auctoritates Aristotelis*, a.a.O., S. 7 u. 9.

46 Thomas von Aquino, *De veritate*, deutsch von Edith Stein, Louvain/Freiburg 1952,

quaestio XI, S. 285 und 288: »Alle Belehrung geschieht durch Zeichen, aber die Zeichen sind nicht das, wodurch wir neue Sacherkenntnis gewinnen, sondern diese verdanken wir der Erkenntnis von Sachen, die uns in höherem Grade gewiß sind und die uns durch die Zeichen vor Augen geführt werden [...] Ohne Zweifel kann jemand durch das Licht der Vernunft, mit der er ausgestattet ist, ohne Unterweisung und Hilfe durch eine Belehrung von außen zur Erkenntnis vieler unbekannter Dinge kommen, wie es offenbar bei dem ist, der durch Forschung Wissen erwirbt.«

47 Petrus von Poitiers, *Glosse zu den Sentenzen des Petrus Lombardus*, zitiert nach M. Grabmann, Geschichte der scholastischen Methode, a.a.O., S. 507.

48 Ebd., S. 508.

49 Wir folgen hier den Hinweisen von Martin Grabmann, *Geschichte der scholastischen Methode*, a.a.O., S. 136 ff.

50 Ebd., S. 153 f.

51 Ebd., S. 226.

52 Ebd., S. 328. »Quaestiones aliquando fiunt causa dubitationis, aliquando causa docendi«.

53 Otto von Freising, *Gesta Friderici* I, 56.

54 Gilbert of Poitiers, *The commentaries on Boethius*, ed. Nikolaus M. Häring, Toronto 1966, S. 53 f. Gilbert hebt dann hervor, daß »die Bedeutung des geschriebenen Wortes sich auf den Begriff seines Verfassers bezieht«. (scripture significacio ad auctoris sui conceptum se haber). Ebd., S. 68.

55 Ebd., S. 63: »Hic commemorandum est quod ex affirmatione et eius contradictoria negatione questio constat. Non tamen omnis contradiction question est. [...] Cuius uero utraque pars argumenta ueritatis habere uidetur, question est.«

56 Die Besonderheit des christlichen (wie auch später des islamischen) Mittelalters liegt darin, daß dieser Sinnhorizont durch geoffenbarte Texte unverrückbar festgelegt ist.

57 Friedrich Ohly, *Schriften zur mittelalterlichen Bedeutungsforschung*, Darmstadt 1977. S. 13.

58 Für die ›Schriftreligionen‹ Judentum, Christentum und Islam gilt übereinstimmend, was G. Scholem, *Über einige Grundbegriffe des Judentums*, a.a.O., S. 97, von der Tora-Tradition schreibt: »Daß die Offenbarung des Kommentars bedarf, um verstanden und im richtigen Verständnis angewandt werden zu können, ist keineswegs selbstverständliche religiöse These, die dem Phänomen der Schriftgelehrtheit und der von ihr inaugurierten Tradition im Judentum zugrunde liegt.« Dazu kann F. Ohlys Darstellung der christlichen Exegese ergänzend herangezogen werden: »Jedes mit dem Wort gemeinte eine Ding hat selbst eine Menge von Bedeutungen [...]. Es macht nun das Wesen der Heiligen Schrift aus, daß dieses Ding, in dem sich der Buchstabensinn erschöpft, erst der eigentliche Bedeutungsträger ist. Jedes mit einem Wortklang in die Sprache gerufene Ding, alle von Gott geschaffene Kreatur, die durch das Wort benannt wird, deutet weiter auf einen höheren Sinn, ist Zeichen von etwas Geistigem.« F. Ohly, *Schriften zur mittelalterlichen Bedeutungsforschung*, a.a.O., S. 6 und 5.

59 Natürlich ist jeder Kommentar von der gegenwärtigen Erfahrung des Kommentators geprägt und insofern eine Modifikation des Urtextes. Aber es geht über diese unbewußte Veränderung hinaus, wenn bewußt die ratio zum Medium der Sinnerhellung eines Textes gemacht wird.

60 F. Ohly, *Schriften zur mittelalterlichen Bedeutungsforschung*, a.a.O., S. 27.

Es ist die Formbestimmtheit der Satire, durch witzige Überspitzungen, Paradoxien und Provokationen auf Ungereimtheiten in der Wirklichkeit aufmerksam zu machen. Wir lachen, vielleicht ein wenig bitter und hoffentlich zornig, über uns selbst und die Welt, in der wir leben. Aber wir lachen, und das befreit.

So habe ich herzlich gelacht über Peter Hacks, der als ein politischer Linné das »natürliche System« der Linken aufstellt. Wie nach meinem alten Biologie-Lehrbuch bestimme ich sie (uns) nun als nackt- und bedecktsamige, als Orchideen-, Nessel- und Windengewächse; vielleicht sind sogar einige Scophulaceen (Braunwurzgewächse) dabei. Und da finde ich mich nun selbst an einer Stelle klassifiziert, an die ich angeblich nicht gehöre – allerdings ohne Korrekturvorschlag, wohin denn sonst. Ich schmunzle vergnügt.

Satire wäre nun aber bloßer Ulk, zielte sie nicht auf einen ernsten Kern. Unter Hacks' Witz spürt man den Zorn über die heillose sektiererische Borniertheit unter den Linken, denen doch Einigkeit im Kampf gegen den wahrlich mächtigen Kapitalismus not täte. Um dieses berechtigten Zorns willen verdient die Satire nicht nur einstimmendes (und ein wenig trauriges) Gelächter, sondern auch eine ernste Antwort.

In der Klasse der Linken gehöre ich zur Unterklasse der Kommunisten und bei dieser wieder zur Art derer, die den Namen DKP trägt. Ist das, wie Hacks-Linné meint, eine falsche Zuordnung? Bin ich eine Scheinkonifere? Die Subsumtion unter einen Oberbegriff richtet sich nach dessen Definition. Die Definition einer Partei ist ihr Programm. Die programmatischen Thesen der DKP (an denen ich mitgearbeitet habe) erklären zum politischen Ziel der Partei den Sozialismus als Weg zum Kommunismus. Das ist es, was auch ich will. Die Thesen stellen die Partei in die Tradition der revolutionären Arbeiterbewegung, in die Tradition von Marx, Engels und Lenin; sie nehmen in diese Tradition Größe und Fehler in der Geschichte der Arbeiterbewegung und beim Aufbau des ersten sozialistischen Staates in Deutschland, der DDR, als widerspruchsvolle Einheit, die Teil der geschichtlichen Identität von Kommunisten ist und die man nicht moralistisch – die Guten ins Töpfchen, die Schlechten ins Kröpfchen! – separieren kann, sondern historisch-materialistisch begreifen muß. Sie entwerfen die Perspektiven einer durch die wissenschaftliche Methode des historischen Materialismus und die Dialektik vernünftig geleiteten Politik. Sie kalkulieren ein, daß widerspruchsvolle geschichtliche Situationen einander widersprechende Strategieansätze zulassen, daß auch der Irrtum ein Moment des geschichtlichen Prozesses sein kann und daß daher gegensätzliche Positionen auf der Grundlage der gemeinsam akzeptierten Zielvorstellungen und wissenschaftlichen Methoden diskutiert werden müssen. Schließlich bestehen sie darauf, daß die Organisiertheit des Handelns und die Organisationsdisziplin der Handelnden die Bedingung erfolgreichen politischen Kampfes ist.

Das sind alles Auffassungen, die ich teile. Eine Partei, die sich durch diese Grundsätze definiert, ist der politische Ort, an den ich aufgrund meiner Auffassungen gehöre. Das gilt auch dann, wenn es in der Partei Varianten und Schwankungen gibt, mit denen ich nicht übereinstimme. Dann muß eben um die Erfüllung des Programms in der Partei gerungen werden. In den letzten zehn Jahren hat die DKP bewiesen, daß sie zu solchen Diskussionen bereit und fähig ist. Ich selbst habe mich ja ausreichend zu Wort gemeldet und meine Publikationen sind Teil des theoretischen Parteilebens. Warum sollte ich da nicht hingehören?

Dazu kommt ein weiteres: Kommunisten sind nicht in diesem oder jenem Land eine nationale Gruppierung, sondern eine Weltbewegung. Der Internationalismus – auch als organisatorische Verpflichtung – gehört zum Wesen des Kommunismus. Die DKP hat theoretisch und praktisch nie einen Zweifel daran gelassen, daß sie die internationalistische Bindung ernst nimmt. Sie ist ein aktiver Teil der Weltbewegung. Wenn überhaupt eine Gegenmacht gegen die globale Herrschaft des Kapitalismus, gegen seine imperialistischen Strategien aufgebaut werden soll, dann kann dies nur im weltweiten Zusammenschluß der Kommunisten in der Härte des Klassenkampfes geschehen. Nicht in den Seminarräumen, in denen besorgte Linke sich um die Reinheit der Theorie mühen, wird diese Theorie zur politischen Macht, sondern in einer theoriegeleiteten Praxis, die sich in den Widersprüchen der Wirklichkeit bewährt und dort auch aus ihren Niederlagen zu lernen vermag.

So meine ich, am richtigen Ort klassifiziert, den richtigen Namen zu tragen.

Hans Heinz Holz

NACHWORT

Briefwechsel sind fragmentarisch. Die Korrespondenz enthält nicht das, was die Beteiligten mündlich austauschen, setzt es aber selbstverständlich voraus. Mitteilungen per Post dienen nicht der Abhandlung, sondern der raschen Verständigung über noch nicht Besprochenes. Das macht Brieftexte lebendig. Die prägnante Zusammenfassung eigener Konzepte, das scharfe Urteil über Dritte und kurze Wendungen, die Epochales wie Triviales betreffen können, ergeben im Glücksfall einen Lesestoff, der vieles schneller und deutlicher erhellt als große Werke.

Alle diese Charakteristika treffen auf den Briefwechsel zwischen Peter Hacks und Hans Heinz Holz zu. Um so schmerzlicher wird bewußt, daß er nur einen relativ kurzen Zeitraum umfaßt, obwohl alles dafür sprach, daß er Jahrzehnte hätte dauern können. Daß sich beide nach 1990 begegneten, war zwangsläufig. Das galt zuvor offenbar nicht – trotz gleicher Gesinnung und gemeinsamer intellektueller Interessen. Holz schreibt: »Wir lebten nicht nur in zwei deutschen Staaten. Wir lebten in zwei Welten.«

Das bedeutete auch Verlust, hier: die nichtgeschriebenen Briefe vor der Konterrevolution von 1989/90.

Möglich aber auch, daß ein solcher Austausch zwischen dem philosophisch gelehrten Dichter und dem ästhetisch bewanderten Philosophen nur in Zeiten der Auflösung, des Wegduckens vieler und der Anpassung der meisten möglich ist. Es treffen aufeinander ein Poet, Dramatiker und Essayist, der sich mit der fortgeschrittensten Philosophie der Epoche ausgestattet hat, und ein Universalgelehrter, der die Provokation kennt, die Kunst für den Begriff bedeutet. Es ist nicht überliefert, daß es eine solche Konstellation in der Geschichte schon einmal gab. Insofern ist das Resultat ihrer Begegnung, das hier vorliegt, ein Dokument des ersten Jahrzehnts nach dem Verschwinden der europäischen sozialistischen Länder.

Was beide eint, ist die Schärfe des Blicks auf Ereignisse, Personen und Verhältnisse. Die Eule der Minerva fliegt. Hacks identifizierte schon 1990 das Geschehen nicht als Weltuntergang, sondern als wiedermaligen Untergang der Zivilisation. Holz spricht von einer Übergangszeit, deren Richtung er erkundet. Die Nebelschleier der Medien, die Weichzeichnungen der Kleinmütigen scheinen für beide nicht zu existieren. Über die Geschichte des Sozialismus lassen sie sich nicht von den intellektuellen Hofschranzen der Triumphatoren unterrichten, denn sie fassen diese Geschichte und den Sozialismus in Gedanken. Ihr Urteil steht nicht fest – sie haben genug Differenzen –, aber sie haben Maßstäbe. Die entnehmen sie der deutschen Klassik und daher den klassischen Schriften des Marxismus. Das macht ihre Äußerungen inkompatibel mit Gewäsch. Hacks' Essay zu Reemtsma, der den Anlaß zur Eröffnung der Korrespondenz mit Holz liefert, ist ein Musterfall: »Es verhält sich nur so, daß das Wort Gesinnung das Wort Meinung in ganz anderer Weise überschreitet, als Reemtsma ahnt. ›Meinung‹, aber das weiß er nicht, ist unter Gesitteten ein sehr abschätziges Wort; es ist das, wozu man in der von Reemtsma bewohnten Gesellschaft die Freiheit hat. ›Gesinnung‹ bedeutet hiergegen so etwas wie geprüfte Grundsätze und Ansprüche an die Welt, an denen man festhält.« Es ließe sich auch hinzufügen: Da die Reemtsmas keine geprüften Grundsätze und Ansprüche an die Welt haben, können sie mit ihnen auch nichts anfangen und schon gar nichts mit Leuten wie Hacks und Holz.

Deren Realismus entspringt aus Bildung und Erfahrung, ihre Unversöhnlichkeit mit den herrschenden Verhältnissen ist dessen Resultat. Das Konzept lautet nicht Starrsinn, sondern Vermittlung. Vom Alten ins Neue, mit Autorität und Vernunft. Das ist das schwerste, was zu tun wäre. Hier wird die Aufgabe mit leichter Hand skizziert.

Arnold Schölzel

EDITORISCHE NOTIZ

Quellen

- »Erinnerungen an Peter Hacks« und »Der Briefwechsel zwischen Peter Hacks und Hans Heinz Holz« werden hier erstmals veröffentlicht.
- »Mehrerlei Langweile« erschien zuerst in: *TOPOS* 3, 1994, zuletzt in: HW 13, S. 502-528.
- »Die Namen der Linken« erschien zuerst in: *offensiv* 6, 2000, zuletzt in: HW 13, S. 536-539.
- »Komödie von Kunst, Liebe und Politik« erschien am 26. September 1969 in der *Frankfurter Rundschau*.
- »Schulmeisterlicher Amphitryon« erschien am 3. März 1971 in der *National-Zeitung* (Basel).
- »Ein realallgemeines Individuum« erschien am 21. März 1998 in der *jungen Welt*.
- »Autorität, Vernunft und Fortschritt« erschien in: *TOPOS* 12, 1998.
- »Der Name der Rose ...« erschien zuerst in: *offensiv* 1, 2001.

Textbehandlung

Unter dem Kürzel HW ist zu verstehen: Peter Hacks, Werke, Berlin: Eulenspiegel 2003. Die Zahlen geben jeweils Band und Seite an.
Bei der Wiedergabe der Briefe gelten im wesentlichen die von Peter Hacks anläßlich der Edition seines Briefwechsels mit André Müller sen. aufgestellten Grundsätze der Textbehandlung.
Orthographie. Die Briefe werden im Wortlaut, Buchstabe für Buchstabe, gedruckt – abgesehen allein von Verbesserungen aus der Zeit und unmißverständlichen Flüchtigkeitsfehlleistungen.
Fortlassungen / Einfügungen. Getilgt wurden lediglich aktuell gültige Telefonnummern und Anschriften. Texteinfügungen des Herausgebers sind in eckige Klammern gesetzt worden. – In allem übrigen waltet Texttreue.
Die Anmerkungen konzentrieren sich auf solche Stellen, die ansonsten selbst dem aufmerksamen Leser verschlossen blieben. Es wird versucht, den Zusammenhang in angemessener Kürze aufzuzeigen sowie Bezüge zu dokumentieren und in besonderen Fällen Weiterungen der Materie anzudeuten.
Der Herausgeber bedankt sich bei Herrn Prof. Dr. Hans Heinz Holz für die Unterstützung und bei den Herren Felix Bartels und Johannes Oehme für Hinweise und Korrekturen.

ISBN 978-3-359-01673-1

© 2007 Eulenspiegel · Das Neue Berlin
Verlagsgesellschaft mbH & Co. KG
Neue Grünstr. 18, 10179 Berlin
Gesamtherstellung: CPI Moravia Books GmbH

Nachdrucke nur mit ausdrücklicher Genehmigung

Die Bücher des Eulenspiegel Verlags erscheinen
in der Eulenspiegel Verlagsgruppe.

www.eulenspiegel-verlag.de